闇塗怪談
終ワラナイ恐怖

営業のK

竹書房
怪談
文庫

目次

※本書に登場する人物名は、様々な事情を考慮してすべて仮名にしてあります。また、作中に登場する体験者の記憶と体験当時の世相を鑑み、極力当時の様相を再現するよう心がけています。現代においては若干耳慣れない言葉・表記が登場する場合がありますが、これらは差別・侮蔑を意図する考えに基づくものではありません。

金沢駅に纏わる話

今では金沢市の観光名所にもなっている金沢駅。

北陸新幹線の開通とともに利用客も増え、週末ともなれば観光客で溢れかえっている。

綺麗に整備された駅の敷地には商業施設が隣接し、ホテル群が建ち並び、西口と東口から外に出ればそれぞれ違った景色の近代的な街並みが迎えてくれる。

荘厳な鼓門《つづみもん》の前には噴水時計があり、観光客の記念撮影には絶好のポイントになっており、まさに観光都市・金沢の象徴と言っても過言ではない。

しかし、これらは近年、北陸新幹線の開通に合わせて急ピッチで整備されたものであり、かつての金沢駅を知る者にとっては、少し異質なものにさえ感じてしまう。

かつての金沢駅という場所はもっとジメっとした空気感が漂う場所だった。

駅の構内も狭く、小さな出入口は一つだけ。

自動改札などあるはずもなく、駅の改札口も一つしかなかった。

狭い駅構内の壁には大きな観光用の写真が貼られていたが、古い写真は貼り替えられることもなく、そこにはいつも同じ景色が広がっていた。

夜になれば駅の構内には数えるほどの人しかおらず、昼間でさえ暗く感じられた構内はさらにどんよりと暗く感じられた。

まさに悪い「気」が充満している空間という言葉がピッタリだった。

今考えればノスタルジーを感じられる古き良き駅舎と言えなくもないが、やはりそういう陰湿な場所には怪異が溜まりやすかったのも事実である。

俺も子供の頃、母に連れられて夜の駅に行くと、よく得体の知れないモノを視てしまった。ソレを指さしながら、「あれは何なのか?」と母に聞いていたが、そのたびに母親から厳しく叱責された。

「指を指しちゃダメ!」

「じっと見ちゃダメ!」

そう言って俺を叱る母親にそれらのモノが視えていたのかは分からないが、少なくとも何か気味の悪い気配を感じていたのは間違いないのだと思う。

俺が夜の駅に行く場合、それは出張から帰ってくる父を迎えに行くか、もしくは電車でやってくる親戚を迎えに行く場合だったと思うのだが、そんな時母と一緒に待っている俺の目に映るのは、駅の天井部分に張り付いた巨大な達磨《だるま》のような顔だった。

それはしばらく一か所に留まっていたかと思えば急に素早く移動して俺を驚かせた。

また駅の構内の一番奥の左隅には着物を着た大きな女性が立っており、通り過ぎていく人達の顔をまじまじと覗き込んでいた。

今思い出すとその背丈は三メートル近かったと思うので、ソレも間違いなく人ではなかったのだろう。

また一人でいると必ずおばあさんが近寄ってきて、「傘を貸してくれんか？」と俺に聞いてきた。

外は晴れており、どうして傘が必要なのかと思っていたが、いつしかそれが俺だけにしか視えていないことに気付き、急に恐ろしくなった記憶がある。

だから、それからは駅の構内にいる時には決して一人きりにならないように母にベッタリと張り付いていた。

それらが危険なモノなのかは今となっては分からない。

どうしてそれらが駅の構内にいたのかということも不明だ。

ただ一つ言えるのは、現在の金沢駅になってからは、それらの姿を視ることは一切なくなったということ。

それが良いことなのか、それとも危惧すべきことなのかは俺には分からない。

しかし、数年前、俺はある噂を聞いた。

新しくなった広く綺麗な駅の構内にはいつもおばあさんがいるらしく、駅にいる人に無作為に声をかけるのだそうだ。

「電話代を貸してくれないかい？」と。

そのおばあさんが幼少期に俺が遭遇したおばあさんと同じモノなのかは分からないが、もしも本当に会えるのならば、と何度も駅へと出かけてしまっている。

俺が幼少期に視たそれらが、妖怪の類だったとしたらもう一度会いたいと思ってしまう自分がいる。

駅が新しくなったことでそれらが別の場所に移動してしまったのか。

はたまた、俺が大人になってしまったからそれらが視えなくなってしまっただけなのかは分からないが、もしもまだ駅の構内に居てくれるのだとしたら、会って話してみる価値は十分あると思うのだが。

そこにいたモノ

小学生の頃、向かいの家が火事になった。

ただ向かいとは言っても特に近所付き合いはなかった。

住人の顔くらいは知っていたが、実際すれ違ってもお互いに会釈を交わす程度。お世辞にも親しいと言える関係ではなかった。

ただ、火事ともなれば話は違ってくる。

俺がその頃住んでいた町は、昔ながらの長屋のような家が密集して建っており、両隣や前後の家との距離があまりにも近すぎた。

つまりその家の火事が我が家に延焼するのではないかという恐れがあった。

しかも消防車が入って来られるのは大通りまでで、そんな離れた場所から消防ホースが届くのかという不安さえあった。

しかし、そんな心配をよそに消防隊員の方達は迅速かつ的確な動きで消火活動に入り、幼い俺の不安などすぐに払拭してくれた。

生まれて初めて、しかも目の前で見ることになった火事に俺は妙に興奮し、怖いという気持ちはすぐにどこかへ消えてしまっていた。

一気に燃え広がった炎は、さながら夏祭りのイベントで使われる火柱のように見えてしまい、全く現実味がなかったからかもしれない。

もっとも火事で燃えている家とは細いとはいえ道を一本隔てており、よもやその火事が自分の家にまで延焼しはしまい、と高をくくっていたのも大きな理由だった。

しかしその時、俺は初めて知った。

消火活動というものは火事になっている家だけに水をかけ続けるのではなく、延焼を防ぐために隣や周りの家々にも大量の水をかけ続けるのだ。

その様子を見て「自分の家がキレイになる」と喜んでいたのも最初のうちだけだった。

そもそも消火ホースの水圧というのは俺が思っていたよりも遥かに強力なものだった。

我が家にかけ続けられた消火ホースの水はいとも簡単に窓という窓を破壊し家の中へ注がれ続けていたがそれでも放水が止むことはなかった。

結局、火事はその家が全焼することで鎮火した。

その家の住人も火傷や怪我をした者はいたが幸いなことに死人が出ることはなかった。

その後残されたのは黒焦げの火元と、家の中が完全に水浸しになってしまった近所の家々だった。

翌日は学校も休んで母と俺と兄の三人で水浸しになった家の中を拭き取る作業に追われた。家の中は嵐が吹き荒れたように無残な状態で、何とか眠れるスペースを確保するだけで精一杯という状況だった。

その日の夜、俺は生まれて初めて見ず知らずの家に招かれて夕飯をご馳走になることになった。

その頃はまだ地域の繋がりというものが強く残っていたのだろう。

近所に住んでいる一人暮らしのおばさんが、家事で被災された家の方達を招待して夕飯を振る舞ってくれたのだ。

その場には火事で家が燃えてしまった住人の方や、顔や手を包帯でぐるぐる巻きにされた人も来ており、とても気まずい雰囲気だった

それでも誰もがお互いを労《いたわ》り、励まし合って夕食を食べた。

決して広いとは言えないおばさんの家は、様々な立場の大人達でいっぱいだった。

俺も子供心に、こういう付き合いも良いものだなぁと思ってしまったほど、最初のぎこちなさが解けると、その場は和やかな雰囲気に満たされていた。

しかし、しばらくするとそんな和やかな雰囲気は一変してしまう。

あれだけ和やかに喋り合っていた大人達が誰も喋らなくなったのだ。

何かを探っているように。

何かを恐れているように。

それは皆が食事をしている最中、静かにその家に入ってきた。

呼び鈴を鳴らすでもなく、誰かの許可を得るでもなく、スーッと家の中に入ってきたかと思うと、そのまま無言で部屋の隅っこに正座した。

四十代くらいの父親と母親、そして中学生くらいの女の子の三人家族に見えた。

俺はその親子らしき三人が部屋の中に入ってきた時から妙な違和感を覚えていた。

普通は家の玄関や廊下、そして畳の上を移動しているのならば、どんなに注意しても足音や摺り音くらいは聞こえるのが当たり前だ。

しかし、その親子は何の音もたてずに玄関から短い廊下を通り、部屋の中へ入ってくると端のほうへと移動し正座した。

しかも、その動きは歩いているというよりも、前方や横方向に平行移動するように滑っているという表現がピッタリとくる、不思議な動きだった。

さらに言えばその親子が着ている服装も異様だった。父親と母親は喪服を着ており、女の子は見たこともない古いデザインの学生服を着ていた。

そんな親子が無表情のまま何も喋らずただ正座している。

俺は子供心にも「気持ち悪い奴らが来たな」と感じていた。

そしてどうやらその親子の姿は俺だけではなく、その場にいた全ての大人達にもしっかりと見えていたのは間違いなかった。

無言のまま勝手に部屋の中に入ってきてそのまま座り込んだその親子の動きをその場にいた大人達もはっきりと目で追っていたのだから。

しかし、部屋の端にその親子が座ったのを見ると、誰もがその親子から目を背けるように視線を外した。視線を外して黙々と食べることに集中した。

まるで早く食べ終わって一刻も早くその場から逃げ出したいと思っているかのようだった。

そんな大人達の様子を見てしまった俺も、

(この三人は視てはいけないものなのかもしれない……)

そんな気がして怖くなってしまい、黙々と食べることだけに集中した。

先ほどまでの和やかな夕食の時間はその親子の出現で完全に沈黙の時間に変わってしまった。

一人、また一人と食事を終わらせてその場から逃げるように立ち去っていく。

そんな様子を見て、次第に不安と焦燥感に圧し潰されそうになっていた俺も、母親に急かされるように食事を終えると、挨拶もそこそこにその場から立ち去ってしまった。

我が家への道すがら、母親に先ほどの親子のことを尋ねてみた。

大人なら何か知っているかもしれないと思ったし、何より母もあの親子を見てから急に態度が急変した大人の一人だった。

しかし俺の問いかけに対し母は怖い顔で俺の口を塞いだ。

まるで禁句でも口にしてしまったかのように。

あの親子はいったい何だったのか？

今となってはその正体は分からないが、少なくとも人間ではなかったことだけは間違いないと確信している。

俺が母にその質問をした時、母は間違いなく怯えた顔をしていた。

いつも強い母のそんな顔を見て、俺の恐怖はどんどん大きくなってしまい、二度とあの親子には触れないでおこうと心に誓った。

ただ可哀想だったのは、その家に好意で食事に招いてくれたおばさんだった。

俺達招かれた家の者は、食事が終わればその場から立ち去ることができた。

しかし招いてもいない親子に居座られたおばさんには、逃げ場はなかったはずなのだ。

俺達が帰る際にもその親子に帰る素振りは見えなかった。

食事もせず、誰とも口をきかず、その親子は部屋の隅っこにずっと座り続けていた。

一人また一人と立ち去っていく近所の人達を、おばさんはどんな気持ちで見送っていたのだろうか？

最後の一人が食事を終え立ち去った後には、その親子とおばさんだけになったはずだ。

その空間でいったい何が起きたのだろうか？

そもそもその親子はその場所にいったい何をしに来たというのか？


それから一カ月も経たない頃、その家のおばさんが急死したという話を母親から聞かされた。

母親の顔には憐みの表情はあったが、驚いている感じはなかった。

まるでおばさんが急死するのを知っていたかのように。

そんな俺の違和感を裏付けるように、おばさんの葬式には近所に住む者は誰一人として参列しなかった。

同じ町内で誰かが亡くなれば、通夜や葬儀に参加するのが当たり前の時代であったのに。

火事の時には皆がお世話になったはずのおばさんだったというのに、だ。

それが当時の俺には不可思議であり恐ろしかった。

成人してから、その時のことを母に尋ねたことがあった。
あの時あの家にやってきた親子は何だったか本当は知ってたんじゃないの？
それにあのおばさんの葬式になぜ参列しなかったの？　と。
すると、母は少し考えてからこう答えた。
あの時代はまだそういうモノが普通に存在していた時代だからねぇ。
こっちから危ない場所に近づかなくても向こうから勝手にやってきてしまう。
そうなってしまうともう、運を天に任せて逃げるしかなかったの。
親は子供を護らなくちゃいけないのよ……と。
現在でもそのおばさんが住んでいた家はそのままの姿で残っている。
かなり朽ちてはいるが、当時と変わらぬ状態でその場に残されている。
取り壊そうとすると色々と不可思議なことが起こるのだそうだ。
つまりあの親子はそういうモノなのかもしれない。
あの時見た親子は今でもあの部屋の端っこで正座している。
無表情のままで。
俺にはそう思えて仕方がないのだ。

鬼女

全国津々浦々にその土地ならではの鬼伝説というものが存在している。

恐ろしい人食い鬼の話だったり少しユーモラスな話だったりと様々ではあるが、本来、鬼というものは人間の天敵であり恐ろしい捕食者なのだと俺は思っている。

俺が住む石川県にも古くから伝わる鬼伝説というものが、特に能登地方を中心に多く残されている。

元々「鬼」という言葉は中国から伝わったものというが、中国で使われている「鬼」とは死んだ者の魂、つまり人は死ねば鬼になる、という考えに基づくものになる。

一方、日本で「鬼」という言葉が登場したのは平安時代であり、所謂《いわゆる》妖怪の類として書物の中に登場して以来、人間にとって恐怖の対象として認知されてきた。

これから書くのは鬼伝説というにはあまりにも近年に起きた出来事になる。

俺の母親は能登地方の海沿いの街で生まれ育った。

今では観光地化が進みコンビニやレジャー施設などもあり、何の不便もない土地になっているが、少なくとも俺が母親に連れられて帰省していた子供の頃は、まだ母が育った時代と変わらない、どこか暗く陰湿な昔からの景色がそのまま残されていた。

お陰で俺は過去にその土地で体験したり見聞きした怪異をブログや書籍に書き残すことができた。

その中でも最も忌まわしい話として、あえてこれまで書かなかったのがこの話になる。


それは母がまだ小学校高学年の頃。

母が住む村でまだ五歳くらいの女の子が行方不明になった。

その頃は「神隠し」というものがまことしやかに信じられていた時代。

実際、数年に一度は村の人間が「神隠し」に遭って見つからないという事件が起こっていた。

村の大人達は手分けしてその女の子を捜索した。

そのうち女の子の履物が見つかったとのことで捜索は山を中心に行われた。

警察も消防団も加わって懸命に捜索したが、結局一週間ほど捜索した後、女の子は「神隠し」として山の神様に連れて行かれた、と結論付けられ捜索は打ち切られた。

一度「神隠し」と判断されればそれ以上の捜索は神に対する冒涜とされてしまう時代だっ

た。

そんな時代背景にも驚かされるが、それ以上にまだ小学生だった母にとって、女の子の母親が全く悲しんでいる様子を見せていなかったことがとても不思議だった。

悲しみや怒りを隠そうとせず泣いたり喚いたりしている父親に対して、その母親には感情がないようにすら感じられた。

そして、どうやらその村では「神隠し」が起こったことで、子供達への規律が異様に厳しくなってしまったらしい。

遠くに遊び行ったり外で一人で遊ぶことはおろか、学校に行く以外は外出することすら禁止され、家の中に軟禁されるような生活がしばらくは続いたそうだ。

そして、半年ほど経ってようやくその軟禁生活から解放された頃だった。

女の子の母親が何かにとり憑かれたとの噂が村じゅうに広がった。

その頃は〈とり憑かれる〉ということ自体は決して珍しいことではなかったらしく、そうした疑いのある者が出た時には、当時はどの家にも備わっていた蔵の中に閉じ込めて様子を見るというのが当たり前のことだった。

そこに、これまた当たり前のように神社の神主や寺の住職がやってきてお祓いや祈祷を行うのだが、残念ながらどちらも全く効果がなかったらしく、その母親はそれからもずっと蔵の中に閉じ込められ続けた。

通常は祈祷やお祓いを受けた時点で事後はどうあれ、全てが解決する決まりだったらしい。ところが、その母親の場合は明らかにそれまでの事例とは異なっていたようだ。

神主や住職は口を揃えてその母親には恐ろしいモノが憑いてしまっていると家族や村長に説明した。

その恐ろしいモノが何なのかに関しては、まだ小学生の母は教えてもらえなかったというが、それでもそんな話を聞くだけで子供達は皆震え上がっていたようだ。

蔵の中にいればある程度の自由が許されていたその母親も、それ以降は体を縛られ、壁に磔《はりつけ》にされて身動きできない状態で監禁されることになった。

それでも毎日三度の食事はしっかりと与えられていた。

小窓から長い柄を使ってその母親の前に置かれた粗末な食事は身動きが取れない状態では食べられるはずもなく、家族もその母親がそのまま餓死したとしても恨まれたくはないという一念から形だけ与えていた食事だった。

それでもどうやって食べたのか、新たに食事を運んできた時には、しっかりと食べられた状態の食器が回収された。

そんなある日、突然蔵の壁が外側から補強された。

幼い母は気になってその理由を聞いたらしいのだが、両親は、

「神主と住職の判断だ。子供は知らんでいい!」

と、言うだけであった。

それからはさらに扱いが酷くなり、食事も水も与えられなくなったが、不思議なことにその母親はそれからもずっと生き続けた。

どうしてそれが分かったのかと言えば、毎日昼夜を問わず、村中に響き渡るような絶叫がその蔵の中から聞こえ続けていたからだという。

そんな時、幼い母の耳に村人のこんな噂が聞こえてきた。

あの母親は〈生成《なまな》り〉になった……と。

母は〈生成り〉というものが何なのかを知らなかったらしく、娯楽の少ない時代だったからその〈生成り〉というものを見てみたくて仕方なくなった。

そこで母は友達と連れ立ってその蔵を昼間に覗きに行くことにした。

確かに怖かったらしいが、その時には怖いもの見たさの好奇心が恐怖心を凌駕していた。

蔵には特に見張りもおらず簡単に近づけたが、それでも近くから聞こえる絶叫は辺りの空気を震わせるほどで、とても人間の声とは思えなかった。

蔵のすぐ近くまで来ると、中からはジャラジャラという鎖が擦れる音が聞こえてきた。

(やっぱりまだ生きてるんだ。でも鎖で繋ぐなんてやりすぎなんじゃないのかな……)

母はそう思って、まだ元気だった頃のその母親の顔を思い出し、少し悲しくなってしまった。

しかし、蔵の壁に張り付くようにして小さな隙間から中を覗き見た母と友人達は、その場で息をのんで固まった。

泣き出す者もいたが、母は恐怖のあまり全く声が出せなかった。

蔵の中にいた母親の姿はとても人間と呼べるものではなかった。

何も食べていないはずなのにその体はとても大きく、まるでサーカス小屋の猛獣のように忙しなく蔵の中を動き回っていた。獣のような強烈な匂いが漂ってくる。

何よりその顔は、まるで般若の面のように恐ろしいものだった。

あまりの衝撃に動けなくなっていた母は、友人達に引っ張られるようにして何とかその蔵から逃げ出した。

家に戻ってからも先ほど見てしまったあの母親の姿が頭に浮かんできて離れず、しばらく一人では寝られなかったそうだ。

もう二度とその蔵に近づくつもりはなかったが、それでも毎日聞こえ続ける絶叫は日増しに大きくなっていき、やがてそれは明らかに人の声ではなく、猛獣の雄叫びや唸り声へと変わっていった。

それを聞くたびに母は恐怖で体が震え出し、その場で耳を塞ぐしかなかった。

それから三か月ほど経った頃、最後に地響きが起こるような低い唸り声が聞こえたかと思うと、それ以後は何も聞こえなくなった。

その夜、母はその母親が死んだことを両親から教えてもらった。

母親の亡骸《なきがら》は通夜も葬儀もしないまま、蔵ごと燃やされた。

母は少しだけ可哀想な気持ちになったが、死ぬ直前は以前覗き見た時よりもさらに恐ろしい姿になっていたのかもしれないと想像すると、また体が震えるほどの恐怖に襲われてしまった。

蔵が燃やされた後、近所の大人達が話していたのはこんな内容だった。

結局、あいつは〈生成り〉で止まらず、〈本成り《ほんなり》〉になってしまった。

やっぱりあの子は神隠しでなくあいつに食われたに違いねぇ……と。

子どもだった母は、どうしてあの母親が鬼にならなければならなかったのか、理解できなかった。ただ、その時聞いた大人達の言葉はずっと記憶に残っていて、大人になってから当時のことを思い出し、興味本位で調べてみたらしい。

そこで、我が子を殺した母親は鬼になる……という記述を見つけて、長年の疑問がようやく解消されたそうだ。
その母親はきっと何かの理由で自分の娘を殺《あや》めてしまったんだろう。
そうして否応なく「鬼」になってしまったのだ、と。

事故物件

これは我が家の近所で、ほんの五年ほど前に起きた出来事になる。

元々、その家は周りにどんどんと建ち並ぶ新しい家々の中ではある意味とても異質な存在だった。

その家だけが明らかに古く、まるで長屋のような造りをしていた。

いや、そもそもその土地には昔、古くて小さな長屋のような家が連なっていた。

それが一軒、また一軒と取り壊されて二軒分、あるいは三軒分の土地を一つの土地にして分譲し、新しいデザインのモダンな家を建てていった。

その中でポツンと一軒だけが当時からの古い造りのまま取り残された。

その家には八十歳を超えるおばあさんが一人で住んでいた。きっと昔は夫婦で住んでいたのだろうが、夫のほうが先に逝き、以後は独居が続いているとみられる。

しかし、その家に親戚や子供達がやってきたのを見たことがなかった。そもそもその家のおばあさん自体、見かけるのは本当に稀だった。

この地域の町会長もそれなりに高齢なのだが、きっと定期的にその家を訪れては、おばあさんの様子を確認していたに違いない。

しかし、近所の同年代の方達も町会長も年々歳を取っていき、子供と同居したり介護施設に入ったりでどんどんとその土地を離れていった。

そうなると、そのおばあさんの安否を気使う者も減り、いつしか姿を見ないことにも慣れてしまっていた。

俺自身、たまに家の前を通る際に、明かりが点いているか、生活音は聞こえているかどうかなどチェックをすることもあったが、こんな地方都市でも近所付き合いというものが皆無になって久しく、誰も他人のことには関心を持たなくなっていたのも事実だ。

実際、その地域に住む大半の者はその家には誰も住んでなどおらず、とうに空き家になっていると思っていたのは容易に想像できる。

そんなある年の夏頃だったと思う。

珍しくそのおばあさんの家にひっきりなしにスーツ姿の人が出入りしているのを、町内の誰もが目撃した。

いつもは誰も訪れることのないその家に、頻繁に人の出入りがあったのだから、周囲の住民もいったい何事かと注目して見てしまっていた。

スーツを着た彼らは老若男女ばらばらで、何の一貫性も見受けられない。すれ違っても挨拶もなく、ただ黙々と家の中に入っていきしばらくすると出ていくという行動を繰り返していた。

その誰もが無表情で、何か得体の知れない気持ち悪さも感じられた。

そんな光景が数日続いたのだが、それらの人達がぱたりと訪れなくなった日に、そのおばあさんが亡くなっているのが発見された。

お孫さんが久しぶりにおばあさんの顔を見にやってきて、遺体を発見したそうだ。

死因は心不全と断定され、死亡時期は発見される半年以上前だった。

おばあさんの遺体は夏の暑さもあり完全に腐り溶けてしまっていた。

炬燵に入った状態で、座ったまま白骨化していたと聞いた。

それでもなぜか死臭や腐乱臭は家の外には漏れず、そのために遺体の発見が遅れてしまった。

警察が来て色々と聞き込みをしていたが、近隣住民は皆、遺体が発見される直前にその家に見たこともない人たちが大勢出入りしていたと証言した。

しかし、それだと死んでいるおばあさんの元を大勢の者達が訪れたうえで、あえて通報しなかったということになる。が、なにしろ遺体の死亡時期がかなりかけ離れていたこともあり、理屈に合わないその事実は大きく取り上げられることもなく無かったことにされたようである。

それよりも警察が不審に思っていたのは、どうしておばあさんが亡くなってから半年もの間、近所の人間が気付かなかったのかということだった。

遺体が発見された時、玄関の引き戸は鍵すら掛かってはおらず、何箇所かの窓も開いたままになっていたという。

それなのに死臭が外に漏れることもなく、お孫さんがおばあさんの遺体を発見した時も居間に入るまで分からなかったというのだから不思議というよりない。

単に死臭がしなかったというのも信じ難い話だが、実はそれ以外にも不可思議な証言があった。

隣家の住人が玄関の引き戸を開けていつものように回覧板を置いた際、

「こんにちは、困ったこととかないですか？」

と声をかけた。すると、確かにいつものおばあさんの声で、

「ああ……大丈夫だよ……ありがとう……」

と返してきたというのだ。

また町費を集めに来た班長さんが同じように玄関の引き戸を開けて、

「町費を集めに来たんだけど今、大丈夫ですか？」

と声をかけたらしいのだが、それにもおばあさんの声で、

「ごめんねぇ……今、ちょっと動けなくて……」

と返してきたのだという。

そして後日、回覧板と一緒に町費は玄関先に出されていた。

親戚が安否確認の電話をかけてきた時も、同じようなことが起きていたらしい。

受話器の向こうから「ああ……大丈夫だよ……」とおばあさんの声が返ってきたという。

これら不可思議な現象は、どれも遺体が発見される一か月以内の出来事だった。

つまりおばあさんは確実に亡くなっていたはずの時期である。

しかし、それらの怪異に警察は一切興味を示さなかった。

殺人などの事件性がない以上、警察の立ち位置は常に民事不介入なのだから。

ただ、そのせいで我が町内では説明のつかない怪異が頻発している。

最初はその家を取り壊す時に起こった事故。

死人こそ出なかったが、度重なる怪我人に加え、家の中でおばあさんの姿を見てしまう作業員が続出し、結局解体業者は匙《さじ》を投げてしまった。

早朝や夜にも、近所を亡くなったおばあさんが歩いている姿を目撃する者が続出し、お

ばあさんのほうから、「こんばんは……」などと声をかけられる者まで現れた。

今でもその家の前を通ると、誰も住んでおらず、電気も止まっているはずの家の中から明かりが漏れているのを見かけることがある。

近所の者たちは、おばあさんはずっとこの家に住んでいたいのかもしれないねぇ、と口々に話し、できるだけ気にしないようにしている。

俺も生前、そのおばあさんとは何度か話したことがあるが、とても優しく、気配りばかりされる方だったのを憶えている。

もしかしたら、おばあさんが亡くなられてから死臭が外に漏れなかったのも、いまだに外でおばあさんの姿を見かけるのも、もしかしたらおばあさんなりの気配りなのかもしれない。

そう思えて仕方ないのだ。

視界ゼロ

二曲城と書いて「ふとげじょう」と読む。

この場所は一向一揆の際、鳥越城と並んで一揆衆の拠点とされた場所であり、数百人という一揆衆が処刑された場所でもある。

俺がその場所を訪れたのは取引先の会社の社長さんから「県内で怪談の取材をするのなら鳥越城なんかじゃなく、二曲城に行ってみるべきなんじゃないの？」と言われたからだ。

社長さんは幼い頃からずっと鳥越で育ってきた。

そんな社長さんから「地元民から見れば本当に怖いのは二曲城。怪談やってるなら一度は行かないと」なんて言われてしまっては、俺にはその場所へ行くという選択肢しか残されていなかった。

だが俺にとって鳥越という土地は本当に特別な場所だ。

どう特別なのかと言えば、他の心霊スポットに比べて怪異の遭遇率が格段に高く、昔から恐れている場所に他ならないからである。

ただ昔から沢山の心霊スポットに出向き、様々な怪異に遭遇しているが、地元に住む人達が怪異に遭遇したという話はあまり聞いたことがない。

もしかしたら子孫である地元民には霊も悪さをしないのかもしれない。

鳥越という土地が実は観光資源に恵まれ、農産物も美味しく風光明媚な素晴らしい土地であることに異論はない。昼間に車で通る鳥越という土地は、俺にとっても好きな場所の一つである。

しかし、俺にとって鳥越という土地は、夜には全く違う空間になってしまうというのもまた事実なのである。

鳥越城と双璧を成す二曲城に、一人きりで行けるほどの勇気は持ち合わせていない。だからその時も取引先の社員さん二人を誘い、三人で二曲城に臨むことになった。

その二人はいつも心霊スポットへ一緒に行くメンバーであり、しかもその日は夜ではなく昼間に行動することにしたのだから何も不安はなかった。

しかし、いざ現地に行ってみると、鳥越城とは違い二曲城への道のりはその殆どが徒歩による登山になってしまった。

午後三時頃から登り始めたのだが、日頃の運動不足がたたり、頻繁に休憩を取ることになってしまった。

しかも、慣れない登山の疲れもあってか、三人それぞれが険悪なムードになってしまい、次第に意見が対立し、各々が単独行動を取ることになってしまった。

目的地は同じだがそれぞれ別ルートを登る。

まあそれでも普通ならば計画通りに城跡まで辿り着けるはずだった。

しかし、山は予想よりも早く暮れていき、午後六時半を回った頃には辺りは夕闇に覆われ始めていた。

本来ならばその時点で登山を諦めて下山するべきであった。

しかし彼らに電話をしても、一向に出てくれない。

俺は、二人が電話に出ないということは、まだ目的地を目指して山を登っているに違いないと解釈した。その思い込みが俺に妙な勇気を与えていたのかもしれない。

俺は持参した強力な大型ライトを点灯させ、そのまま山登りを続行した。

ネットで衝動買いしたそのライトは軍事用と書いてある通り、夜の山道でも辺り一面を広範囲に照らしてくれ、暗い山道を歩いているとは思えないほど快適な視界を確保してくれていた。

暗くはなっていたが、時計はまだ午後七時前を指していた。

俺は何も怖さを感じないまま順調に登山を続け、三十分ほど歩くと目的地である二曲城らしき場所に到着した。

二曲城は城跡すら分からないほど荒れ果てており、それが逆に不気味に感じられた。

俺は心霊的にそれらしい場所がないかと辺りを歩き回ってみたが特にこれというものはなく、他の二人の姿を見つけることすらできなかった。

あいつら、まだ到着していないのか？

そう思った途端、それまで感じていなかった孤独感が容赦なく襲ってきた。

そうなるともう、一刻も早くこの場所から下山したい気持ちで頭の中が一杯になってしまった。

俺は先ほど登ってきた山道を足早に下っていく。

何かを視てしまったとか気配を感じたわけでもなかったのに、その時の俺はまるで何かから逃げるように気持ちばかりが急いていた。

次の瞬間、突然俺の視界が真っ暗になった。

えっ？

俺はその場で固まり、いったい何が起こったのかと焦りに焦った。

手に持ったライトが突然消えたという事実は当然分かっていた。

しかしそのライトは充電式であり、出発前に満充電してきたのだから少なくとも六時間以上は保つはずだった。

だからどうしてライトが突然消えてしまったのかということが自分の中で説明がつかなかったのだ。

俺は必死になってスイッチを何度も押し続けたが、ライトは全く反応せず、視界はゼロのまま。辺りは完全に漆黒の闇と化しており、一寸先も見えないような状態だった。

何とか代わりになる物を考えなければ……。

俺はすぐにポケットからスマホを取り出して、ライト代わりにしようと考えた。

スマホのライトでは心もとないのは事実だが、一刻も早く何も視えない状態から抜け出したかった。

しかし、先ほど電話したばかりのスマホまでもが電源が落ちており、どれだけ電源を入れ直しても何も反応しなかった。

俺は最後の望みで、タバコと一緒に持ち歩いているＺＩＰＰＯライターを取り出して火を点けようとした。

しかし、いつもはすぐに着火するはずのライターまでもが何度やっても着火しない。

どうしてだ？

こんな馬鹿なことがあるはずがないのに！

そう思い、原因に頭を巡らせてみたが、すぐにそれも止めた。

ここは鳥越であり、心霊スポットなのだ。

そこで不可思議な現象が起こっているのだとすれば、その原因として考えられるのは一つだけだった。

そうなると、俺の頭の中は完全にパニック状態になってしまう。

俺は自分に何度も「落ち着け！」と言い聞かせて、冷静な思考を保とうと努力した。

しかし何も視えない状態では聴覚だけがやたらと鋭敏になる。

上り道では全く気にならなかった風の音、草の音がはっきりと聞こえてきて、それらがまるで何かが近づいてくる足音のように思えてくる。恐怖のあまり、俺は何度も大声で叫んでしまいそうになった。

とにかく、一歩ずつでも歩を進めたかった。

しかし、たとえ目の前に何かが立っていたとしても視覚に捉えられない完全なる闇。視界ゼロの暗さはたった一歩の前進でさえ叶わなかった。

手探りで進むにしても間違いなく転んでしまうだろうし、下手をすればそのまま崖下まで落ちてしまう危険もあった。

いや……本心を言えば、俺が恐れていたのはそんなことではなかった。

何も怖くないのだとしたらその場に座って朝を待てばよいだけ。

しかし、とてもじゃないがそんなことができる心理状態ではなかった。

まるで自分の周りを落ち武者の霊達が取り囲み、じりじりとその間合いを詰めてきているような気がして恐怖に圧し潰されそうになっていたのだ。

その時、突然俺の鼻先を線香のような匂いがかすめていき、心臓がどくりと鳴る。

冷たい汗がどっと背中を流れ落ちるのを感じた。

線香は、霊が好むものだと聞いている。

だとしたら……。

心臓の鼓動はどんどん速くなっていき、息苦しささえ感じた。

まさに生きた心地がしない……。

そんな状態だった。

その時、後ろからポンッと背中を叩かれた。

俺は思わずヒッと悲鳴をあげてしまう。

すると、背後から、

「すまん……遅くなった……」

「さっさと山を下りよう……」

それは間違いなく別行動を取っていた他の二人の声だった。

俺は全身から力が抜けていき、思わずその場にへたり込んだ。

そして、一息つくと「遅すぎるだろうが！」と言いながら背後を振り返ろうとした。

すると、背後から二人の声で、

「後ろは見るな」

「見ないほうが良い」

と真剣な声が間髪入れずに返ってきた。

そのまますぐに背後の二人から背中を押されるようにして俺は山道を下り始めた。

「こんな所からはさっさと退散しよう……」

「クマでも出てきたら大変だ……」

その言葉に俺は前を向いたまま歩き続けるしかなかった。

本当は「なんで後ろを振り向いちゃ駄目なんだよ？」と言い返したかったが、そんな気持ちをすぐに俺は呑み込んだ。

背後からはぼんやりとした明かりが山道を照らしており、歩くには困らなかったが、正直なところ俺は困惑していたのだ。

他の二人が持っていたのも俺と同じ強力な光源を持つライトだったはず。

それなのに、背後から前方を照らし出しているのはまるで大きな提灯のようなぼんやりそうして歩いていくと思っていたよりも早く、車を停めていた場所に戻ってくることが出来た。

余計なことは何も考えないようにして。

だから俺はできるだけ無心に歩き続けた。

考えれば考えるほど頭の中が恐怖に浸食されてしまいそうだった。

しかし、すぐに考えるのを止めた。

帰れなくなる……とは、どういう意味なのだろうかと。

ただ、歩いている間もずっと背後にいる二人が言った言葉の意味を考えていた。

そう諭され、仕方なくそのまま前だけを向いて歩き続けた。

「帰れなくなるから……」

「振り返るな……」

が、すぐに二人に感づかれ、制止された。

それでも俺はその光の正体を探りたくて、何度も背後を振り返ろうとした。

かったし、そう考えるとやはり恐怖が浸食してきてそれ以上考えたくはなかった。

俺にはまるで背後を歩く二人が提灯でもぶら下げながら付いてくるようにしか思えな
普通に考えれば明らかに変だった。

とした明かりだった。

できた。
その瞬間、俺は思考が停止した。
えっ？　……なんで？
俺はまた固まってしまっていた。
前方から背後にいるはずの二人が駆け寄ってきたのだ。
「おい！　大丈夫か？」
「遅い！　……もう待ちくたびれたぞ！」
そんな声をあげながら。
俺は二人が俺の目の前まで来るのを待ってからゆっくりと背後を振り返った。
…………。
そこには誰もいなかった。
では今まで、俺はいったい誰と一緒に山道を下りてきたんだ？
誰と、言葉を交わしていたんだ？
そんな疑問が頭の中をグルグルと回っていたが、その場では何も言わなかった。
いや、恐怖あまりそれ以上考えられなかったのだ。

それから俺達は車に乗り込んで、無事に帰路に就くことができた。

車の中では他の二人から、

「どうしてライトも点けずに歩いていたんだ？」

など色々と聞かれたが、俺は山道で体験した出来事を二人には話さなかった。

何となくだが……話してはいけないような気がしたのだ。

点かなかったライトもスマホも、そしてライターも、下山してからは何事もなく使用できた。

あの帰りの山道で、俺は確かに背後からの明かりを頼りにして無事に下山することができた。

それなのに彼らにはその明かりは見えてはいなかった。

そして、俺は確かに背後を歩く二人の声をはっきりと聞いていた。

これはどういうことなのか？

当時は分からなかったが、今になって思うことがある。

きっと何も明かりが点かなかったのは、さっさとこの場所から立ち去れという警告だったのではないかということだ。

それでも、山に棲むナニモノかは、俺が無事に山道を下りられるように助けてくれた。

だが、もしも下りの山道で俺が背後を振り返っていたとしたら、俺は何を視てしまい、
そしてどうなっていたのだろうか。
あの時の声は確かにこう言ったのだ。
帰れなくなるから……と。

霊が消えた

以前、東京でカメラマンをしている従兄が偶然撮影してしまった心霊写真に纏わる話を書いた（『闇塗怪談』収録「最恐に危険な心霊写真」）。

きれいな風景写真を撮ろうとした従兄は、気付かないまま無縁墓を撮影してしまった。

そしてその無縁墓には見るからに不気味な容姿の女がはっきりと写り込んでいた。

病的に細く背の高い体に巨大な顔が乗っている女の顔は目だけが異様に大きくギラギラとしており、従兄にもその写真に写っているものが人間ではないのだとすぐに理解できた。

それと同時に従兄は取り返しのつかないことをしてしまったのかもしれないと恐怖したが、その予感は残念ながら現実のものとなってしまった。

従兄本人だけでなく、弟や両親までもが次々に急死し、その葬儀に行った俺にまで怪異が及び、霊能者であるAさんによって何とか無事に金沢へと戻ってくることができたが、それからは東京はおろか関東圏にさえ近づけなくなってしまった。

Aさん曰く、東京に行くのなら命の保障はできないそうだ。

この心霊写真はたった五年ほどの間に従兄の友人も含めると八人以上の命を奪い、十人以上の怪我人を出している。

　まさにとんでもなく危険な心霊写真であるが、その写真は現在どこにあるのか誰も知らない。

　供養もできず燃やすことも叶わず厳重に寺で隔離保管されていたはずの写真は、突然その寺から消えてしまった。

　これだけでも計り知れない恐怖だが、実はカメラマンをしていた従兄が偶然撮影してしまった心霊写真はその一枚だけではなかった。

　そして、それらの心霊写真は従兄が亡くなってから俺の元へと送られてきた。

　家族や友人達がどんな方法を使っても燃やすことができず、寺での供養も断られたそれらの写真は、怪談作家をしている俺の元へとやってきてしまった。

　何とかして処分するか、もしくは供養して欲しいという願いと共に。

　勿論、俺にも怪談のネタになるかもしれないという思いがあったのは確かだが、どうやらそれらの写真も例外なく危険な心霊写真だった。

　所謂「曰くつきの写真」というやつだ。

　それが分かったのはそれらの浄化を依頼した時だった。

　俺はそれまでに曰くつきと言われている呪物を霊能者Aさんが簡単に浄化してしまうの

を何度も目の当たりにしてきた。

だから、その時も従兄たちの鎮魂の意味も兼ねて知り合いの霊能者Aさんにそれら「曰くつきの写真」の浄化を軽い気持ちで依頼した。

しかし、Aさんの力をもってしてもそれら全ての浄化は叶わなかった。

全ての写真が簡単には浄化できなかったんですが、中でも一枚だけとんでもない写真がありますね……。

これは今はまだ浄化できません……もっと時間が経たないと……。

そう言われてしまい結局その一枚の写真は俺の手元で管理することになった。

Aさんですら手元に置いておきたくないと言って強引に返却されてしまったのだ。

「ちゃんと責任を持って管理してくださいね」という言葉とともに。

俺は仕方なくその写真を、過去に俺自身が撮影してしまった心霊写真と共に鍵付きの鉄の箱の中にしまい込んだ。

本来ならばそういう曰くつきの物ばかりを安置し、供養してくれている知り合いの住職に預かって貰いたかったが、なぜかAさんからその許可が下りなかった。

俺がその理由を聞くとAさんはこんな言葉を返してきた。

この写真はKさんの近くに置いていれば大丈夫だと思いますが、他の人間に保管されるのをとても嫌がっています。

つまりKさん以外の者が保管していたら実害を伴った霊障が起こるのは明白です、と。

そう言われてしまうと流石に誰かに預けるわけにもいかず、渋々俺自身が管理することにした。だが、この時の俺はAさんが言っている言葉の本当の意味を理解していなかったのかもしれない。

確かに心霊写真というものが引き起こす怪異や厄災の恐ろしさは十分理解していたつもりだし、その中でもAさんがすぐに浄化できないほどの心霊写真ともなればその恐ろしさは絶大なのだろう。

しかし、あのAさんがはっきりと言っていた。

「俺の近くに置いていれば大丈夫だ」と。

そのせいなのだろう。

俺はいつもの悪い癖が出てしまい、曰くつきの写真がどう変化していくのかが気になって仕方なかった。

だから俺は毎週末、昼間の明るい時間帯に一度だけその写真を鉄の箱から引っ張り出して、変化を観察するようになった。

その写真は従兄の友人らしき二人の男性を撮影したスナップ写真だった。

その二人の間に、明らかに人間とは思えないモノがはっきりと写り込んでいる。

女性の姿をしたソレは汚れた白い着物を着ており、片手と片足だけが異様に長く、その身長も二人の男性を優に超えていた。

そして、ガリガリに痩せ細った顔は目だけが異様にギラついていた。

何人もの命を奪ったあの心霊写真の女とは明らかに別人に見えたが、それでもあの女の顔や姿を脳裏に蘇らせるものだった。

そんな女が二人の男性と同じようにカメラを見つめて笑っていた。

それは楽しいとか嬉しいとかいう感じの笑い顔ではなく、何か邪悪な企みを感じさせるような気持ちの悪い笑みだった。

凄いな……この写真も……。

確かにしつこそうな女だし……。

そんなことを思いながら俺はその写真を鉄の箱の中へと戻し、再び鍵をかけてクローゼットの奥にしまい込んだ。

それから一週間後、俺は再びその写真を手に取ってまじまじと変化を確認した。

すると、その女の立ち位置が変わっていた。

二人の男性の間に立っていたはずの女が、二人の男性の左側に移動しているのを見て俺は我が目を疑った。

心霊写真と言われるものにはそれまで数えきれないほど対面してきた。

ぼんやりと写ったものもあれば、はっきりと写り込んだものもあったし、写り込んだ顔や手が増えていく現象も何度も見てきた。

しかし、目の開き方や表情が変わっているように感じることはあっても、写真の中の立ち位置が変わっているのを見たのは初めてだった。

(俺の……見間違いか?)

そう思って何度も確認したが、やはりその女が二人の男性の間から左端に移動していたのは間違いのない事実だった。

写真の中に写り込んだ霊というのは、写真の中を自由に動けるものなのだろうか。

そう思うと、その時手に持っていた心霊写真はただ霊が写り込んだ記録ではなく、今でもその写真の中に霊が生きていて、閉じ込められているだけなのだと気付き、急に背筋が冷たくなった。

そんな薄ら寒い思いをしても、俺は週末に写真の変化を確認する悪癖をやめることはできなかった。

怖いもの見たさと言ってしまえばそれまでだが、俺はもしかしたらその時すでに写真の女に魅入られてしまっていたのかもしれない。

そうでなければあれほど恐ろしい感覚に襲われてなお、何度も写真を出してきて見ようとするわけがない。そんな勇気は本来の俺には備わっていないのだから。

その後も懲りずにその写真を確認しているうちに、俺はあることに気付いてしまった。

それは写真の中の女が明らかに俺に近づいてきているということだ。

子供がカメラを覗き込むようにぬぅっと寄せられた顔はより鮮明に大きく写り込み、その視線は二人の男性ではなく、間違いなく俺へと注がれているようにしか思えなかった。

その時点でようやく俺の恐怖心は好奇心を凌駕することができたようだ。

それを最後に俺はもうその写真の変化を確認しようとは思わなくなった。


それから半年ほど経った頃だろうか。

Aさんから突然、連絡が入った。

あの写真、もう大丈夫そうですね。

今度こそしっかり浄化できそうですから近いうちに受け取りに行きますね……と。

そして、写真を受け取りに来たAさんに俺は久しぶりに鉄の箱から取り出したその写真を渡した。

その時、俺はまた驚いてその場に固まってしまった。

写真の中からあの女の姿が跡形もなく消えていたのだ。

本物の心霊写真というのは写真の中で霊が動くものなのか？

そして、場合によっては写真の中から消えてしまうこともありえるのか？

そう思ってAさんの顔を見ると特に驚いている様子もなかったので、きっとそういうものなのだと一人で納得したものだ。

しかし、俺は今もよく考えてしまうのだ。

あの写真の中の霊は写真から外に出てどこに行ってしまったのか、と。

俺には害がない、とAさんは確かに言った。

しかし、本当にそうなのだろうか？

写真の中から外へと出てしまったあの女はどこにも行かず、ずっと俺のそばにいるのではないか？

最近、部屋の中にいるとよく感じることがあるのだ。

部屋の中を移動する強い視線。

そう、薄気味悪い笑みを浮かべて俺を見つめながら移動しているあの女の視線を……。

娘が視てしまったモノ

うちの娘はまだ二十二歳だが、どうやら既に沢山の怪異を体験しているようだ。

ただ、決して自分から恐怖体験を話すことはない。俺が、何かネタになりそうな話はないかと聞いた時に、小遣いと交換に渋々話を聞かせてくれるぐらいだ。

だから高校時代の不可思議な体験を聞いても短大時代の奇妙な出来事を聞いても、それはきっと誰にでもある怪異との偶然の遭遇、もしくは勘違いに他ならないのだろうと勝手に思い込んでいた。

そんな娘から、実は幼い頃から頻繁に怪異に遭遇し、幽霊らしきものも視ている、と打ち明けられたのはほんの一、二年前のことだ。

そんなこととは全く知らなかった俺と妻は本当に驚いたものだ。

親に話さなかった理由は「心配させたくなかったから」というものだった。

しかし最初にそんな事実を聞かされた時には、俺の霊感が遺伝してしまったのかも、と申し訳ない気持ちでいっぱいになった。

確かに思い返せば、保育園に通っていた頃、無理心中で亡くなっているはずの友達が我が家を訪ねてきた際にも、亡くなった友達から電話がかかってきた時にも、その場には娘一人ではなく俺も妻も一緒だった。

その時にも妻には視えていなかった友達の姿が娘にははっきり視えていたし、電話からの声もしっかり聞こえていたのは分かっていた。

それなのに娘を霊感体質と認識していなかったのは、子供時代の一過性のものと思っていたからだ。幼い子供は多かれ少なかれ霊的な感受性を持ち合わせていると思う。だが、大人になれば大抵そうした能力は失われる。父親として、娘には自分のような怖い思いはせず、普通の人生を歩んでほしいと願う親心があり、無意識のうちに事実を見ないようにしていたのかもしれない。少々楽観的すぎたと今では反省している。

娘からこれまでの怪異体験談を一から聞くようになって、それが最近の出来事に差し掛かった時、俺はその経験値に驚くと共に、ある禁忌を思い出していた。

どうやら娘は、俺と同じモノを視てしまっていたようだ。

それを視てしまって以来、遭遇する怪異の数が明らかに増えてしまっている。

娘は、何を視てしまったのか——。

それは、以前俺の従兄が撮影した写真に偶然写り込んでしまった女の霊。

カメラマンだった従兄はその女の霊を偶然写真に収めてしまったせいで命を落とした。

そんな恐ろしい心霊写真に写り込んだ女の姿を娘は視てしまっているかもしれない。

写真としてではなく、リアルな生活の中で。

半年ほど前から娘はその女を目撃している。

初めてその女を視たのは趣味のコスプレのイベントのために出かけた東京での出来事だった。

イベントの会場内に異様に背が高く、ガリガリに痩せた女が汚い着物を着て立っていた。

最初、それを視た時には何かの作り物だと思ったようだ。

会場の誰よりも背が高く、胸から上が人混みから飛び出していた。

そしてガリガリに痩せた体とは対照的に顔だけが巨大で、恐ろしい顔つきをしていた。

最初は何かのアニメキャラなのかと思ったらしいが、そんなモノが登場するアニメなど心当たりがなかった。

だとしたらどうして楽しいコスプレイベントの会場に、そんな気味の悪い作り物を置いているのだろうと近づいて見たところ、それはゆっくりではあるが生身の人間のように動き、辺りを舐めるように見回していた。

大きな目はギラギラとして、あからさまに邪悪な輝きを放っている。

それを確認すると同時に、娘はあることに気が付いた。

女の姿が他の者には視えていないということにだ。

何か嫌な予感がした娘は予定を切り上げ、慌てて会場を離れたのだが、それからというもの、頻繁にその女を視てしまうようになった。

バスに乗っている時、停車せずそのまま通過したバス停に明らかに異様な大きさの顔の女が立ってバスのほうを見ていた……。

職場の昼休みに廊下を歩いていると、その女が駐車場に立って此方を見上げていた……。

コンビニで買い物をしてレジに並んでいた時、店員の横にその女が立っていた……。

旅行で電車に乗った際、娘が座っていた席の通路をその女が通って行った……。

ファミレスで友達とランチをしていた時、窓の外にその女が立っていた……。

そんな感じでかなりの頻度でその女と遭遇していた。

汚い着物を着た異様に顔の大きな女……。

娘はすぐにそれがコスプレイベントで視た女だと分かったそうだ。

幸いなことに、最近はその女の姿と遭遇する機会はなくなったそうなのだが、一度見たら忘れられない顔をしているという。

ためしに俺が記憶を頼りにその女の姿や顔を紙に描いてみたが、どうやら娘が視た女はあの心霊写真に写り込んだ女と同一だと考えて差し支えないと思える。

これから娘の身に何かが起こるのか？

或いは、何も起こらないのか？

そして、事前に何か防御策はあるのか？

霊能者のＡさんと相談しながら粛々と準備を進めているが、きっとそれはＡさんをもってしても無理なことなのかもしれない。

お迎えに来たモノ

これは娘が小学校の低学年だった頃の話になる。

その頃、俺は会社での役職が変わり、何かと忙しい日々を送っていた。共働きの妻も会社で部署移動があり、残業が続く毎日だった。そのため、俺も妻も家に帰れる時刻が極端に遅くなってしまっていた。

俺の実家も妻の実家も車で十分程度の距離にあったので、それまでは都合が悪くなるたびに頻繁に娘の面倒を見てもらっていた。だが、折悪くその頃は俺の実家も妻の実家も病気で入院している者がおり、とても頼める雰囲気ではなかった。

そこで人伝《ひとづて》に妻が探してきたのが沢口さんというご夫婦だった。

ご夫婦には子供がおらず、旦那さんも定年退職し家で暇を持て余していたのか、一人で留守番をさせるのが不安な家庭のために、親が迎えに来るまでの間、その家の子供を預かってくれるということだった。

勿論、それなりの謝礼を払うことにはなったが、それでもその時の俺や妻にとって沢口夫妻はまさに救いの神という感じだった。

家族三人で様子見程度の気持ちでお願いに行くと、二つ返事で快諾してもらえた。しかもその頃、沢口さん宅には他に預かっている子供はおらず、娘を預ける親としてもこんなに安心できる環境はなかった。

そうして娘は小学校が終わるとそのまま沢口さんの家に行き、宿題をしてから夕飯を食べ、それが終わると沢口さん夫婦と一緒にテレビを観ながら俺や妻の帰りを待つという形になった。

沢口さん夫婦はとても優しく、それでいてしっかりと叱ってくれる厳しい面も持っていて親としてこんなにありがたい環境もなかったが、どうやら娘もそんなご夫婦のことを気に入ってくれたようでホッとしたのを憶えている。

午後九時までにはお迎えに来てください、と言われてはいたが何度かその時刻を過ぎて慌てて迎えに行ったこともある。ご夫婦はそんな時でもいつでも笑顔で対応してくれた。

ご夫婦の優しさに甘えてしまったつもりはないのだが、ある日、俺は遠方へ泊りがけの出張に行き、妻も会社の組合の行事が重なってしまい、娘を迎えに行くのが午後十一時を回ってしまったことがあった。

ご夫婦には事前に妻から連絡を入れており、何とか承諾を頂いてはいたがそれはあくまで大人の都合に過ぎず、娘にとっては本当に不安な夜になってしまったと思う。

午後十時を回るとさすがの娘も落ち着きがなくなり、ご夫婦が止めるのも聞かず、玄関先に出て妻の迎えを待っていたそうだ。

外は危ないから……。

何度も娘にそう言い聞かせたらしいが、泣いて懇願する娘にご夫婦もそれ以上無理に制止することもできなかったようだ。

それでも何かあっては大変と思ったご夫婦は、ずっと玄関の中から娘を見守ってくれていたそうで、本当に頭が下がる思いだ。

外に出て妻の迎えを待っている間、娘は泣くこともなくじっと妻の車のライトが近づいて迎えに来てくれるのを待ち続けていた。

その時の情景を思い浮かべると、娘には本当に申し訳ないことをしたと思うし、謝りたい気持ちで一杯になる。

それは娘が玄関の外で妻の迎えを待ち始めてから三十分ほど経った頃のことだった。

それまで車のライトが見えるたびに、「あっ、お母さんの車だ！」と喜んではそのまま通り過ぎてしまう車に一喜一憂を繰り返していた娘が、玄関の中に駆け戻ってきて叫んだ。

「おじちゃん、おばちゃん！　すぐに玄関の鍵を閉めて！　早く……！　早く……！」

いったい何事かと驚いた夫婦だが、娘の顔は決してふざけているようには見えず、沢口さんのご主人がまず外の様子を確認しようとした。

するとと、娘は泣きながらご主人にすがりついた。

「開けちゃダメ！　お願い！　玄関を開けたらみんな食べられちゃうから！　……お願い、早く閉めて！」

と何度も叫んだ。

それを見た奥さんが慌てて玄関の鍵を閉めた。

と、同時に玄関の引き戸がベンベンベン！　と何者かに叩かれる音がした。

その音は掌で叩いたような音ではなく、もっと籠った不思議な音に聞こえたそうだ。

（いったい……これはなんだ？）

そう思いご夫婦が玄関引き戸を凝視していると、何かが引き戸の摺りガラスの向こうでくねくねと動いている。

その動きはまるで誰かが玄関の外で踊っているようだった。

不審者？

そう思ったご夫婦はすぐに警察に通報した。

その間も玄関の引き戸はベンベンと叩かれ続け、時折何か大きな顔のようなものが引き戸の摺りガラスに張り付くのをご夫婦もはっきりと視てしまい、恐怖で固まるしかなかった。

警察に通報してからの時間はとても長いものに感じられた。

摺りガラス越しに奇妙な踊りを見せつける何かは、時折その顔をガラスに近づけて玄関の中を覗き込んでくる。

ご主人はゴルフクラブを持ち出してしっかりと両手で握り、万が一ソレが玄関の中へ入ってきたら何とか娘だけでも護らねば、と必死に恐怖を振り払おうとしていたそうだ。

警察は十分ほどで到着したが、すぐには玄関の鍵は開けなかった。

いや、恐怖で開けられなかったそうだ。

もしかしたら外にいるソレが警官のフリをして玄関を開けさせようとしているのかもしれない、と思ってしまったというのだから、ご夫婦の恐怖はかなりのものだったのだろう。

警官に促され、恐る恐る玄関の鍵を開けて外に出た時にはもう、不審なモノなど何もいなかったそうだ。

その後、ようやく妻が迎えに来たらしいが、その時の泣き方は尋常なものではなかったというから、娘は娘で相当な恐怖を味わっていたのだろう。

しかし、ソレがやってくるのはその夜が最後ではなかった。

それからは妻や俺が迎えに行くのが遅くならなくても、娘が沢口さん宅に着くとすぐにソレが玄関の外にやってきて玄関の引き戸をガタガタと揺らし、奇妙にくねくねと踊るようになった。

そのたびにご夫婦は警察を呼んでくれたが、警察が到着するとなぜかソレはその場から姿を消してしまう。

ほんの直前まで玄関先でくねくねと踊っていたものが、パトカーのサイレンが聞こえると同時に一瞬で姿を消してしまうのだ。

それから娘は、迎えがどれだけ遅くなっても「外で待つ」とは決して言わなくなったが、もしもそう言われたとしても絶対に外へは出さないつもりだったと沢口さん夫妻は話してくれていた。

しかし毎晩必ずやってくるソレに、ご夫婦もさすがに参ってしまったのだろう。

「申し訳ないのですが、これ以上娘さんをお預かりすることはできません。娘さんにとっても、私達にとっても、とても耐えられることはございません」

そう丁寧な断りの電話を受けることになった。ただやはり仕事の関係でどうしても早い時刻に帰れないという現実はいかんともし難いものだった。

そうなると可哀想だったのは娘で、沢口夫妻の家に行けなくなってからは、学校から帰るとそのまま自宅に帰り、家中のドアと窓を完全に閉め切った状況でじっと帰りを待っていた娘の恐怖は想像を絶するものだったに違いない。

しかし、幸運にもソレが再び娘の前に現れることはなかった。

それでも俺と妻は本当に不安であり、娘のそばに居てやれない歯がゆさを情けなく感じていた。

だから俺はある時、娘に聞いてみた。

沢口さんの家の外で待っていた時、いったい何を見たのか、と。

すると、娘は泣きながらこう答えた。

玄関の外でお母さんの車を待ってたら、急に二つの明かりが遠くに見えて、それがゆっくりと近づいてきたの……。

だから私、お母さんの車だと思ってその光に向かって大きく手を振ったの。

お母さんによく見えるように。

そうしたら、その二つの光がゆっくりと一つになって、それが段々と人の形になったんだよね。でね、よく見たらそれは白っぽい着物を着た大人の女の人だったの。

でも、変なんだよ。

その女の人ってとっても大きくて、足が地面から浮いてるの。

おまけにね、頭も一つじゃなくて二つ付いてた。

そうしたら頭の中から直接声が聞こえてきたの。

「おいで……迎えに来たよ……」って。

何かとても怖いものに視えたから私、急いで玄関の中に逃げ込んだの。

だって二つの顔にはとっても大きなギザギザの口があったんだから。

だからすぐにおばちゃんとおじちゃんに玄関の鍵を閉めて、ってお願いしたんだ。

あのまま外に居たら私が連れて行かれてたと思うけど、もし家の中に入られたらおじちゃんとおばちゃんが食べられちゃってたと思う。

なんでか分かんないけど、そう思うの……と。


沢口家の近隣には住宅が建ち並び、決して古い町並みではない。何より昔からその土地に住んでいる俺は、その近辺で怪異が起こったという話も聞いたことがなかった。

決して娘や沢口さんご夫婦の話を作り話だとは思いたくなかったが、もしかしたら集団催眠の一種なのかも？　と思っていたのも事実だった。

しかし、それから十年以上経った頃、俺はある深夜に偶然仕事帰りの脇道として、沢口さんの家の前を通った。

その時、俺は車のヘッドライトが前方に奇妙なモノを浮かび上がらせているのをはっきりと目視してしまった。

最初、それを見た時、巨大な白い布が道路の真ん中に干されているようにしか見えなかった。

しかし、次の瞬間、それはゆっくりと動き出し、すぐ横にある川のほうへスルスルと消えていった。

慌てて車を停めてしばらく呆然としていたが、つい好奇心から横を流れる川を見渡してみた。

その川は昔からその土地に流れているもので、街中の再開発から取り残されたかのように古く汚い川がかなり下がった場所を流れていた。

しばらくそうして川を見つめた後、何か嫌な気配を感じた俺はすぐに車へと戻り、その場から走り出した。

ゆっくりと車を発進させた時、先ほど白い布が干されているように見えたのがちょうど沢口さんの家の前なのだと分かった。

やはり娘や沢口さんの体験談は集団催眠などではなく、れっきとした怪異だったのではないか……？

そう思えて仕方なくなった。

それと同時に、恐ろしい考えが頭に浮かんでしまった。

アレはいまだにあの場所に……沢口家に娘を迎えに来ているのかもしれない。

そう考えた時、俺はある記憶を思い出して全身に鳥肌が立った。

確かに沢口さんの家の近くでは怪異の噂など聞いたことはなかった。

しかし、沢口さんの家の前を流れる川は昔から全く整備などされておらず、当時から「変なモノを見た」とか「川に落ちた子供がそのまま行方不明になった」という噂があったのだ。

そして、もう一つ。

その川には河童が棲みついているという噂もあった。

もしかしたら、娘が視たモノは川からやってきて、偶然娘を見つけてしまったのかもしれない。

そして娘はソレに手を振ってしまった。

その瞬間、縁《えにし》が結ばれてしまったのではないか。

だからソレはずっと娘を迎えに来ているのかもしれない。

娘が迎えに来るのをずっと待っていると思ったまま。

窓際のベッド

今年の六月頃、娘が入院した。

仕事中に酷い腹痛に襲われた娘はすぐに早退し、近所の総合病院を受診したが軽い検査の末、そのまま救急車で大学病院に搬送された。

妻からの電話で現在ＩＣＵで治療を受けているという連絡をもらった時には本当に血の気が引く思いで、俺もすぐに仕事を切り上げて大学病院へと向かった。

それまでは大した怪我も病気もしたことがなく、体の丈夫さだけが取り柄のように思っていたからその時の驚きと不安は言葉に表せないほど大きいものだった。

先に病院へ到着していた妻とＩＣＵの待合室の前で色々と考えを巡らせた。

命は大丈夫なのか？

医師たちによる懸命の救急治療が続けられているのではないか？

頭に浮かんでくるのはそんな不安ばかりで、それこそ生きた心地がしなかったのが本音だ。

しかし二時間以上待たされてＩＣＵから出てきた娘は元気が有り余っている状態で、付き添いの看護師さんと笑いながら会話していた。

ホッとすると同時に全身から力が抜けたのは言うまでもない。

しかし、状態はそれほど簡単なものではなく、娘はそのまま二週間ほど検査入院をすることになった。

娘にとっては生まれて初めての入院。

しかも三日間ほどはＩＣＵの近くにある一人用の病室を使うことになった。

その間、ひっきりなしに医師や看護師がやってきては色々と質問責めにあったり注射や点滴を交換されたりと、断食でお腹が空いたという以外は何もなくあっという間に過ぎていった。

そして、入院して四日目に娘は四人部屋の病室へ移された。

娘は同い年くらいの女性が同じ病室に入院していることを期待していたようだが、そう上手くいくはずもなく高齢の女性ばかりがいる部屋に入院することになった。

しかも、皆かなり状態が悪かったようで、どのベッドにもしっかりとカーテンがかけられており、どんな人が入院しているのかもよく分からなかった。

それでも時折聞こえてくる咳き込む声や苦しそうな息遣いからその部屋に入院しているのが高齢女性ばかりなのだと何となく理解できたという。

退屈すぎる入院生活。

スマホだけが唯一の救いだったというが、どうやら娘の退屈さを紛らわせてくれたのはスマホだけではなかったようだ。

娘は入り口側のベッドを使用していたがどうやら窓際のベッドを使用していたおばあさんがいつも話しかけてくれたようだ。

娘は一度もそのおばあさんの姿を見たことはなかった。

他のベッド同様、周りを全てカーテンで囲まれており、トイレに行った姿すら一度も見たことはなかった。

しかし、何度かその隣のベッドからナースコールを押す音が聞こえていたし、実際、そのナースコールに応えるように看護師さん達が隣のベッドを見に来ていた。

そんな状況だったから娘は勝手に、

(隣のおばあさんはきっと歩くこともできなくてトイレに行けないんだろうな……。それに頻繁にナースコールを鳴らしているからきっと痛みとかで辛いんだろうな)

と、想像していた。

しかし、娘とカーテン越しに話しかけてくるおばあさんの声はいつも元気でしっかりとしていたらしく、その点だけは娘としても不思議に思っていた。

それにナースコールに呼ばれてやってくる看護師さんはいつも二人以上であり、一瞬だけカーテンを開けて中に入っていくとそのままヒソヒソと話し込んだ後、すぐに部屋から出てどこかへ行ってしまうらしく、そのことも謎に感じていた。

それでも、おばあさんはいつも娘に優しく接してくれていたようだ。

娘が寂しそうにぼんやりしていると、それを察したかのように病院の中で起こった色々な話を聞かせてくれた。

さらに娘が定期的に訪れるひどい腹痛に苦しんでいる時には、いつもこんな言葉をかけてくれた。

そんなに痛むのかい？

それならもう痛みなんかおさらばしちゃったら？

その言葉の意味が良く分からなかった娘はいつもそのまま聞き流していたようだったが、ある時、少しイライラしていた娘はいつものようにそんな言葉をかけられ、咄嗟にこう返してしまった。

そんな簡単に痛みが取れるわけないよ。

痛み止めを飲んだって痛いんだからさ。

痛みとおさらばしろ、とか……自分でできるわけないじゃん！

勝手なこと言わないでよ、と。

すると、いつもの優しい口調ではなく、強い口調でおばあさんがこう返してきた。

あるんだよ……それが。

今からそっちに行って教えてあげようか？　と。

その口調がなぜかとても気味悪く感じた娘はそのままおばあさんの言葉を遮るように、「もう寝ます……おやすみなさい……」と言ってベッドに横になった。

それから娘はさっさと寝てしまおうと思ったが、先ほどのやり取りが気になってしまい、なかなか眠りに就けなかった。

すると、ベッドで横になっている娘の耳に、隣のベッドのカーテンが開く音がはっきりと聞こえてきた。

そして、次には何かがふらふらとよろめきながら此方へとゆっくり近づいてくる足音が聞こえてきた。

それは誰かの裸足の足音に聞こえた。

隣りのおばあさんがこっちに来る……。

そう感じた娘は恐ろしくなってしまい、入院して初めてのナースコールを押した。

慌てて駆け付けてくれた看護師さんは一人だった。

だが娘にとっては本当に心強かったという。

娘はぽろぽろと涙をこぼしながら看護師さんに訴えた。

隣のベッドのおばあさんが変なことを言って近づいてくるんです……と。

最初は困った顔をしていた看護師さんはそれから二人ほど別の看護師さんを呼んでから娘の前で隣のベッドのカーテンを開けて見せてくれた。

娘は唖然として言葉が出なかった。

隣のベッドには布団すら敷かれておらず、当然誰も入院してはいないのだと知らされた。

それでも娘はハッと思い出して看護師さんにこう尋ねた。

でも、隣のベッドで何度もナースコールが押されてましたよね？

そして、そのナースコールに応えるように看護師さん達もやってきてましたよね？　と。

ただ、娘がそう尋ねても看護師さんからは何も返答はなかった。

どの看護師さんも困った顔をするだけだった。

しかし、それからすぐに娘はその病室から別の四人部屋の病室へと移された。

勿論娘が希望したわけではない。

まるで一刻を争うかのように慌ただしく数人の看護師たちがやってきて、娘が横になっているままのベッドを別の病室へ移動させた。

しかし、娘のベッドに近づいてくる足音がそれで消えてくれることはなかった。

それからも娘がベッドで寝ていると一晩に何度もヒタヒタというゆっくりした足音が聞こえてきた。

足音はいつも娘のベッドのすぐ横でピタっと止まる。

そのたびに恐怖のあまりナースコールを押してしまう娘だったが、看護師さんは決して嫌な顔はせず、逆に申し訳なさそうな顔で対応してくれた。

そして、看護師さんは必ずこう言って勇気づけてくれた。

きっと悪い夢を見ただけだからね……と。

しかし、娘は何度か同じ体験をするうちにはっきりと見てしまっていたようだ。

どこからか濡れた足跡が部屋の中に入ってきて、その足跡が娘のベッドのすぐ横の床までベッタリと続いているのを。

やっぱり悪い夢を見ていたんじゃない。

おばあさんはいるし、現実に起きていることなんだ……。

そう思うと居てもたってもも居られなくなり、娘は俺と妻に泣きついてきた。

「ここに居たら死んじゃう！」

そう言って。

結局、家族で相談した結果、病院に無理を言って急遽退院させてもらうことになった。

その際も、こちら側が平身低頭謝っていたのだが、看護師や医師は気分を害した様子もなく、逆に申し訳なさそうに繰り返し頭を下げていた。

いいえ、あなた達の責任ではなく病院側の責任ですから……と。

無事に退院し、しばらく自宅療養していた娘だったが、それから数日間は玄関のチャイムが何度も鳴らされるという怪異を経験した。

チャイムが鳴り、玄関のモニターを確認してもそこには誰も映ってはいなかった。

そんなある日の夕方、仕事から帰宅した俺は玄関に立っている老婆の姿を目撃した。

「あの……どちら様でしょうか？」

声をかけると、老婆はスーッと夕闇に溶けるように消えてしまった。

その時は見間違いかと思ったが、今考えるとその老婆こそが娘の隣のベッドに入院していた老婆だったのかもしれない。

だとしたら退院した娘を連れに来たということなのか……？

俺がその老婆に声をかけてから、我が家では玄関のチャイムが鳴らされモニターに誰も映らないという怪異は発生していない。

だが、これからも娘には俺が目撃した老婆の件は話さないでおくつもりである。

五日間、眠り続けた

俺はちょうど三十歳の頃に昏睡状態に陥ったことがあった。

特に怪我や病気が原因ではなかった。

ある日の朝、目覚めることもなくそのまま眠り続けた。

ちょうど五日間。

今となっては転職時期と重なっており、ストレスが原因ということになるのだろうが、当時は本当に原因不明だった。

今思い返すと、その頃の俺は人生で初めての自殺願望を抱いていた。

最初に言っておくが、俺は基本的には自殺否定派である。

過去には自殺により自ら命を絶ってしまった知人も少なくなかったし、そのたびに残された家族や恋人の辛すぎる現実を見てきた。

それなのに、どうしてその時期に自殺願望が芽生えたのかは俺にも分からない。

もっとも自殺願望といっても、もしもこのまま死んで全てのしがらみから解放されたら楽なのにな～という程度のものだったが。

ただ、その時抱いていた軽い自殺願望のせいで永い眠りに就き、ずっと夢を見続けたような気がしてならないのだ。

夢の中の俺は真っ白な部屋で目覚めた。

部屋といってもどこまでも続いているような広く真っ白な空間にポツンと一つだけベッドが置かれており、そこで俺は仰向けに寝ている状態で目が覚めた。

(なんで俺はこんなところで寝てるんだろうか?)

訝しみながらベッドから上半身を起こして周囲を見渡したが、三百六十度どこを向いても真っ白な空間が続いているだけだった。

ただ不思議と何も戸惑うことはなかったし、ここはどこなのかと考えることもなかった。

当たり前のようにベッドから起き上がると、そのまま一つだけ不自然に置かれている白いドアへと近づいた。

〝置かれていた〟と書いたのは、文字通り空間にドアがあるのみだったからだ。ドアの向こう側は左右から覗けたし、向こう側に見えていたのもこちら側と同じ、ただの真っ白いだけの世界だった。

妙な話だが、そのドアを開けて踏み出せば、外に出られるのだと確信していた。

俺はその白いドアを手前に引いて開けると、そのまま外へ——ドアの向こう側に出た。

ドアの向こうには延々と芝生が続いており、遥か彼方には小さな赤色の建物が見えた。

(あそこに行かなければならないんだな……)

誰に言われるでもなく俺はそう確信し、その建物を目指して歩き出した。

芝生は上ったり下ったりの連続だった。

その時の俺は明らかに自分の物ではない、薄い青色の布を全身に巻いており裸足だった。

裸足で芝生の上を歩く、足裏の妙な心地良さだけが記憶に残っている。

俺は延々と芝生の上を歩き続けた。

きっと半日から一日くらい歩き続けたと思う。

ここには陽が沈むという現象が存在しないのか、昼夜の区別もなく、時間の感覚が全くなかった。

その間、誰ともすれ違わなかったが不思議と不安を感じることはなかった。

かなり長い時間を歩き続けているにも拘らず、疲れることも喉が渇くこともなかった。

ただひたすら、無心に足を交互に前へ前へと進めていく。

気が付くと俺は、遠くに見えていた赤い建物の前に立っていた。

建物の前に立った俺はその建物が駅なのだと理解した。

とても古い、木造の小さな駅。

それは幼い頃、母方の実家に帰省する際に見た小さな木造の駅によく似ていた。

自分はこの駅から電車に乗らなければならない……。

そんな思いに背中を押されるようにして駅舎の中へと入っていく。

駅舎の中には誰もいなかった。

そこにあるのは小さな待合室と切符売り場、そして人一人が通れる程度の古い木製の改札だけだった。

切符売り場にも改札にも誰もいない。

俺は夢遊病者のようにふらふらと歩き出すと、無人の改札を抜け、階段を三段ほど上って駅のホームへと出た。

ホームには既に電車が止まっていた。

古いデザインの黒い車両はどこまで続いているのか見えないほど沢山の車両が連結されていた。

（あっ……これに乗るんだな……）

そう思った俺は、ホームに停車していた電車内へと乗り込んだ。

電車内は普通列車のように両側に向き合う形で座席がずらりと並んでいた。

見渡す限り座席に座っている乗客など一人もいなかった。

俺は適当な座席の前に立つと、そのまま無造作に座った。

すると、それを待っていたかのようにドアが閉まり、電車はゆっくりと動き出した。

ぼんやりと通り過ぎていくホームを見ていると、ホームには駅名の書かれた木板が掲げられていた。

駅の名前は『雲下』だった。

変な名前だな……。

ふとそう思った。

電車内には誰もおらず、行き先すら分からなかったが、なぜか不安な気持ちは一切感じてはいなかった。

とにかくこの電車に乗っていればいい、という不思議な安心感さえ感じていた。

電車はガタゴトと音を立てて走ってはいたが、なぜか振動も揺れも一切感じなかった。

俺はただ座ったまま、車窓から見える景色をぼんやりと眺めていた。

どこまで行っても延々と続く田園風景。

そして一定間隔で見える大きな川。

どの景色にも人はおろか、生き物の姿を見つけることはできなかった。

ただ、それらを見ていると不思議と退屈さは感じなかった。

だから俺は随分と長い間、そうやって車窓から景色を眺めていたように思う。

ふと思い立って座席から腰を上げた俺は、誰もいない車内を歩き出し、ひとつ後ろの車両へと移った。

やはりそこにも乗客は一人もいなかった。

俺はまた次の車両へと移っていく。

そうしてどんどんと連なる車両へ移っていくが、どれだけ進んでも相変わらずの無人。

一人の乗客の姿も見つけられない。

それでも懲りずに俺は車両を渡っていく。

いったいどれだけの車両が連結されているのか、見当もつかないほど延々と繋がった車両は、どこまで行っても最後尾の車両が見えなかった。

他の乗客の姿を探していたわけではないが、俺はそのまま車両を渡り続けた。

そして、かなりの車両を渡っていった時、前方に一人の男性の姿を発見した。

その男性がこの電車の車掌なのだということは、着ている服装からすぐに理解できた。

車掌の前に進み、俺は話しかけた。

この電車、誰も乗っていませんけど採算が取れるんですかねぇ？

それと、切符を持っていないんですけど大丈夫でしょうか？

そんなことを聞いたのだと思う。

普通ならば、

「この電車はどこに向かっているのか？」とか、「どうして誰も乗っていないんですか？」と聞くと思うのだが、なぜかそういう質問は頭に浮かばなかった。

すると車掌は柔らかい温和な声で、

「ええ……大丈夫ですよ。この電車はあなた専用ですから」

とだけ答えてくれた。

「えっと……俺は何をすればいいんですかね？」

と聞くと、

「何もしなくて結構です。ただ、あなたの座席はもっと向こうですから、元居た座席にお戻りください」

そう言って俺が進んできた車両を指差した。

俺は丁寧にお辞儀をすると、元来た車両を歩いて戻っていった。

あれだけ沢山の車両を移動してきたというのに、なぜかその時の俺には元々座っていた座席をすんなりと見つけ、簡単に戻れる確信があった。

だから、どんどんと元来た車両に向かって移動していった。

しかし、その途中で電車はゆっくりと停止した。

ゆっくりとドアが開くとそこには真っ白なホームが広がっており、駅名を見ると『雲中』と書かれていた。

（あっ、ここで降りるんだな……）

何も疑うことなくそう思うと、俺はゆっくりと開いたままのドアから駅のホームへと降りた。

そのまま駅から出た俺はしばらく道なりに歩いていたが、すぐに懐かしい建物を見つけて中へと入った。

俺が三年生の時に建て替えられる前の古い木造校舎の小学校がそこにあった。

それから小学校の校舎を歩き回り、気が付けば中学校の校舎を歩いており、それが高校、大学まで続いた。

相変わらずそこには誰もいなかったが、とても懐かしい気分にさせられて俺は癒しを感じていた。

そして、大学の門の前に当時よく通っていた喫茶店を見つけた俺は、そのまま店内へと入った。

店内にはオーダーしてもいないのにいつも頼んでいたオリジナルブレンドコーヒーがカ

ウンターの上に置かれていた。

カウンターの奥にマスターの姿はなかったが、それでも俺は自然にそのコーヒーに手を伸ばした。

すると、知らぬ間に見知らぬ中年男性がカウンターの隣に座っており、自分が飲もうとしている薄い緑色の飲み物と交換して欲しいと頼んできた。

(あっ、これは飲んじゃいけないやつだ……)

俺は直感でその頼みを断ると、コーヒーを一気に飲み干し、そのまま喫茶店を出た。

すると、目の前には緑色の海と海岸が広がっていた。

先ほど大学の正門の前にある喫茶店に入ったのだから、そこに海が広がっていること自体、考えられないことだった。

しかし、その時の俺は、まあ……綺麗だし別にいいかな、という程度の感想しか持たなかった。

そのまま浜辺に座り、ぼんやりと海を見つめていた。

とても長い時間だったと思う。

気が付けば隣に見知らぬ男性が座っていた。

俺は何気なく、世間話のようにその男性に話しかける。

「この海、綺麗ですよね……ずっと見ていても飽きませんね……」

するとその男性は、

「これは海じゃなくて川なんですよ……」

そう言ったのを憶えている。

そうしてとても長い時間その川を眺めていた俺だったが、気が付くと俺の横には綺麗に整列するように沢山の男女が座っていた。

やがてその人達はゆっくりと立ち上がると、静かにその川の中へと入っていった。泳ぐでも足掻くでもなく、そのままとぷとぷと川の中へ沈んでいく。

誰かが俺に声をかけてきたと思う。

「あなたは入らないんですか?」と。

俺は黙って首を横に振った。

なぜかその川に入ってはいけない気がした。

すると、また別の誰かが話しかけてきた。

「川の中に入らないのなら、ここにいる必要はないんじゃないですかね。そういうことなら……眠ると良いですよ……」と。

俺はその言葉に自然に従った。

体を浜辺に横たえると、リラックスして全身の力を抜いた。
すると、一瞬でとても深い眠りに落ちた。
それから先の記憶はない。
気が付けば病院のＩＣＵに寝かされており、体中に沢山の管や針が付けられていた。
これが俺が眠り続けていた間の記憶になる。
夢だとしたらどうしてこれほどはっきり憶えているのか説明がつかないのだ。
もしも、あの喫茶店で飲み物を交換していたら……。
もしも、あの時、川の中へ入っていたら……。
俺は再びこの世に戻っては来られなかった気がして恐ろしくなる。
きっといずれはその川に入ることになるのだろうが、今はまだ……。

壊れていく

俺はかなり前に仕事中に突然呼吸困難になり、救急車で病院に搬送されたことがあった。

精密検査の結果、告げられたのはパニック障害というものだった。

現在では完治しているのだが、その当時は頻繁に精神科病院という場所へ通うことになり、主治医ともそれなりに長い付き合いになった。

ある意味、精神科の医師というのは患者さんと普通の世間話をすることで症状の度合いや回復度を測り、治療や回復の指針にする部分があるようで、俺もその当時の担当医師とは治療を終えた現在でも何かと繋がりを持たせてもらっている。

そして、これから書く話はその男性医師から聞かせていただいた話になる。


ある時、彼が勤務する精神科に一人の女性が診察を受けに来た。

年齢は三十代前半で独身の女性だった。

精神科を受診するのは初めてのことらしく、最初はおどおどして何も喋らなかったようだが、彼が丁寧に問いかけゆっくりと話を導き出してあげると、次第に落ち着いてきたのか自分から色々と話してくれるようになった。

そうして対話を重ねるうちに、その女性が本当は明るい笑顔でよく喋る女性だということが彼には分かった。

そこでやっと彼女にどんな症状でこの病院の診察を受けに来たのかを尋ねると、彼女はそれまでの笑顔をふっと曇らせ、小さな声で語り始めた。

「声がするんです……頭の中から」

日常生活の中で、知らない誰かの声を頭の中で聞いてしまう。誰かが頭の中で話しているようだと彼女は言った。

確かに彼女は常に周囲をキョロキョロと見回し、何かに怯えているように見えた。

彼はすぐに脳波や頭部ＭＲＩ、そして血液や尿も検査したが、どこにも異常は見つからなかった。

それでも症状からして統合失調症の疑いが強いと感じ、彼は軽めの薬を出してしばらく様子を見ていくことにした。

ただ彼女の話によると、日常生活には全く支障がなく、とくに不安に駆られることも眠れないということもないそうなので、その点には少し違和感を覚えたらしいが、恐らく統合失調症の初期段階だろうと判断した。

それから二週間後、処方した薬もなくなり再診に訪れるはずの彼女が来ない。

ただ実際には自分の判断で勝手に通院を止めてしまう患者さんも少なくなく、彼も特に気に留めることもなかったようだ。


しかしそれから二か月ほど経った頃、彼女から病院に電話がかかってきた。

「助けて……お願い、助けてください……」

そんな言葉だけを喋って電話は切れた。

さすがに緊急性を感じた彼は、すぐにこちらから彼女に電話をかけ直した。

しかし、ほんの五分ほどしか経っていないというのに、その時電話に出た彼女の対応は先ほどとはまるで別人だったという。

「はい……もう大丈夫ですから……」

そんな言葉を冷静に繰り返すだけだった。

しかし、そのようなことは精神疾患を抱えた患者さんにはよくあることらしく、彼もさほど気に留めることもなかった。

だが唯一、その時の電話から聞こえてくる彼女の声に、彼はある違和感を覚えた。

声に元気があるとかないとか以前に、全く別人の声に聞こえたのだそうだ。

だからその時も彼は、

「本当に〇〇さん本人ですか？」

と何度も聞いたらしいのだが、電話の向こうからははっきりと「はい」という返事が返ってきた。

「はい」と断言されてしまうと、彼にはそれ以上何も言えなかったらしいのだが、彼はその時初めて彼女の身に起きている症状に、何か得体の知れない気持ち悪さを感じた。

それからも彼女が病院に診察を受けにやってくることはなかったそうだが、それでも何度か電話がかかってくることはあった。

それは以前かかってきた電話のように必死で助けを求める声だったり、まるっきり逆に「もう大丈夫ですから」と強調するものだったりと内容はバラバラだったらしいのだが、そんな時、彼にはいつも気になっていることがあった。

それは「もう大丈夫です」という電話がかかってくるのはいつも、必ず必死に助けを求める電話がかかってきた直後だったということ。

そして、「もう大丈夫です」という電話の声は明らかに彼女の声とは別人の声に聞こえたということであった。

彼はいつしかこんな考えを抱くようになった。

彼女はもしかしたら精神疾患などではなく、もっと別の何か——つまり霊的なモノや悪魔的なモノに憑かれているのではないか、というものだった。

精神科医としてはナンセンスな考えだとは理解していたが、いつも電話がかかってくるのは彼女の携帯電話からであり、しかも多重人格や統合失調症だとしてもそれほど短時間に症状が激変するというのは明らかに奇妙だった。

そんな彼女から最後の電話がかかってきたのはそれから暫くしてのことだった。

「先生、私には本当に変なモノが視えてしまうんです……。

しかも、それが毎日のように増えていってる……。

私は怖くて仕方ないんです。

このまま私はその変なモノ達に連れて行かれてしまうんじゃないかって……。

私は精神を病んでなどいません。

でも、間違いなく壊れていってるのは分かるんです。

もう時間はほとんど残されてないけど……どうか助けてください……」

そんな電話だった。

会話は成り立たず彼女が一方的に話すだけの電話だった。

その電話を最後に、彼女から電話がかかってくることもなくなった。

確かに彼女のことは心配だった。

しかし彼が診ているのは数百人の患者さんであり、その中の一人である彼女にそれ以上深入りする余裕などなかった。

だが——異変が訪れたのはそれから間もなくのことだった。


彼が住んでいるマンションに、彼女がやってきたのだ。

それも毎晩、何人もの見知らぬ女性達と一緒に……。

彼が住んでいたのはかなりセキュリティのしっかりした高級マンションであり、オートロックだけでなく、管理人が常駐している受付を通らなければ、彼の住む高層階へは上がれない仕組みになっていた。

それなのに、何人もの女性と一緒に彼女が彼の部屋の玄関前までやってきた。

一日も欠かさず毎晩……。

満面の笑みを浮かべて……。

チャイムを押し、モニター越しに彼女はこう言ったそうだ。

「先生、私やっぱりおかしいみたいなので診察をお願いします……」と。

その夜、彼は突然の出来事に固まり、部屋の中で説明のつかない怪異に怯えながら、息を殺して震えていることしかできなかった。

翌日、朝一番で管理人室に行き、昨夜の訪問者と防犯カメラを確認してもらったのだが、そんな女性達が通ったという記録もなければ、防犯カメラに彼女達の姿が映り込んでいることもなかったそうだ。

確かによく考えてみれば、彼がそのマンションに住んでいるのを知っているのは病院の事務長くらいのものだったらしく、そもそも彼女が知っているはずもなかったことに気付き、さらに彼は恐怖した。

それからも毎晩のように彼女は何人もの女性達と彼のマンションへやってきたが、ちょうど五日目の夜が過ぎると、二度と彼女達がやってくることはなくなった。

彼女が自宅の部屋で亡くなっていたという報せを受けたのは、ちょうど六日目の朝のことだった。

確かに怖かったが、彼にはどうしても事実を確かめたいという気持ちもあり、彼女の葬儀に参列した。

そして、ご遺族にお願いして彼女の死に顔を確認させてもらったそうだ。

その時の彼女の死に顔を彼は一生忘れられない、と言った。

彼女の顔はまるで何か邪悪なモノに取り憑かれたかのように歪み、そしてその口は大きく開き、目も張り裂けんほどに見開いていた。とても異様ではあったが、見方によっては満面の笑みを浮かべているようにも見えた。

ご遺族は、「きっと娘は幸せだったんだと思います……。こんな幸せそうに笑って……」と話してくれたそうだが、彼にはとてもそんな死に顔には見えなかったそうだ。

まるで悪魔にとり憑かれたような邪悪な笑い顔。

そんな死に顔に見えたそうだ。

「まあこれは精神科医の戯言だと思って聞いて欲しいんだけど……。彼女はやはり何かにとり憑かれ、そして壊れていったんだと思うよ。今にも動き出しそうな死に顔からは恐怖しか感じられなかったし、ご遺族には悪いけれど火葬が無事に終わったと聞いた時には正直ホッとしてしまったんだよ」

彼は最後にそう話してくれた。

余命宣告

ガンという病気も以前は不治の病だったが、長年の研究による医学の進歩で完治する確率も上がっているが、それでもやはり早期発見が大前提になる。

勿論、ガンだけでなくこの世の中には治療も難しく対症療法のみが治療になる不治の病は数多く存在している。

そして、医師からの余命宣告……。

それを告げられた時、人はどんな気持ちになるのだろうか？

俺に関して言えば、余命宣告ではないがある臓器と血管に不具合があり、手術を受けないと決めた時点で医師からは「突然死宣告」を受けてしまっている。

確かに余命宣告を受けてからも長く生き続ける人は沢山いる。だが、やはり医師からの余命宣告というのはかなりのショックに違いない。

突然、その人の人生設計の変更を告げられることになるのだから、一瞬で人生観すら変わってしまうこともあると思う。

これから書いていくのは俺の幼馴染が体験した話になる。

彼は現在、金沢市内の薬品会社で営業マンとして働いている。

一度結婚したが上手くいかず、現在では小さな一戸建て住宅に独りで暮らしている。

そんな彼は今から五年ほど前にガンの宣告を受けた。

検査で発見された時には既に別の臓器にも転移しており、ステージ4の末期ガン。

手術を二回受けた挙句医師からは余命三年と言われたそうだ。

彼はその余命宣告を受けた時、目の前が真っ白になるほどの衝撃を受けた。

何も手に付かなくなり会社も休み続けた。

彼は生まれて初めて絶望というものを実感し全てがどうでも良くなった。

しばらくは家で悶々としていた。

やることと言えば自宅のパソコンで自分の病気について調べることばかり。

その時彼自身が色々と調べた結果、そのガンのステージ4での五年生存率は二十パーセント以下だと分かり、愕然となった。

何もする気が起きず、毎日部屋の中で暗く過ごしていると、悪いことばかり考えてしまい、自殺願望で頭がおかしくなりそうだった。

そうして以前は考えたことすらなかった「生きる」ことや「死ぬ」ことについて改めて真剣に向き合い考えてばかりいた。

そのうちに彼は、医師の言いつけを守って一日でも長く生きられるようにビクビクしながら生きるよりも、どうせ死ぬのならせめて悔いだけは残さないように残された人生を少しでも楽しく生きてみようと思うようになった。

しかし、楽しく生きようとするならやはりお金は不可欠だ。

そのため彼は何とか仕事に復帰し、薬だけを服用しながら無理せず働くように心掛けた。

週末にはできるだけ余計なことを考えず楽しいこと、自分のやりたいことだけに時間とお金を使った。

医師から止められていた酒も飲んだし美味しい物なら何でも食べた。

ずっと止めていた煙草も吸い始め、ギャンブルにものめり込み、家に戻れば毎晩夜遅くまでゲームで夜更かしする生活。

こんな生活が体に良いとは思ってはいなかったが、既に余命宣告された自分がどれだけ節制した生活を送っても、せいぜい数か月長生きできるだけであり、それならば体に悪いことを全てやってやる、という気持ちだったようだ。

その時の彼は楽しさと自暴自棄をはき違えていたのかもしれない。

だがガンになり余命宣告された彼だったが、どうやら変わったのはそんな人生観だけではなかったようだ。

彼にはそれまで霊感というものはなかった。

少なくとも霊の姿を視たり声を聞いたりしたことなど一度もなかった。

それが、余命宣告をされ自分の死を意識しだすようになってから明らかに他の人には視えていないモノが視えるようになった。

最初にそれに気付いたのは、会社内の自分のデスクで事務処理をしている時だった。

窓の外から知らない女が彼に微笑みかけていた。

彼のオフィスは六階……その窓の外から。

勿論、彼にもそれが異常なことだとすぐに理解できたし、初めて視てしまった幽霊というものに恐怖し、思わず情けない悲鳴を上げてしまった。

しかし、それは始まりに過ぎなかった。

それからは気が付けばいつも誰かに微笑みかけられていることに気付くようになった。

エレベーターの開いたドアの中から……。

廊下の隅っこから……。

通勤時の至る所で……。

そして、自分の家の中でも……。

最初に見たのは女だったが、それは日を増すごとに増えていき、老若男女が入り乱れて彼の気を引くように代わる代わる微笑みかけてきた。

まるで彼を勧誘しに来ているかのように……。

電話が鳴って受話器を取ると、

「まだ……ですか?」

と一言だけ告げられて電話が切れることもあった。

すれ違いざまに「もうこっちに来ればいいのに……」と言われ、はっとして振り向くが誰もいないということも何度もあった。

おまけに通勤ではそれまで一度も遭遇したことがなかった電車の飛び込み自殺の現場に何度も遭遇した。

その時も、それらは嬉しそうに彼に微笑みかけていた。

挙句の果てには、突然何者かに体を突き飛ばされて道路や線路に倒れ込み、あわやトラックの下敷きに……ということもあった。

その時、彼は気付いた。

こいつらは俺のことをあの世に連れていこうとしているに違いない、と。

何か自分の弱みに付け込まれているようで悲しかった。

それと同時に、まだ百パーセント死ぬと決まったわけではない俺を勝手に殺そうとするなよ！　という怒りを感じたという。

それから彼は考え方を百八十度変えた。

医師の言いつけを守り、節制した生活を厳守して定期的な検査も受けるようになった。

常に明るい気持ちでいられるように趣味や娯楽にも力を入れた。

そうしていると一か月ほどでそれらの怪異を目にすることがなくなった。


あの期間、俺には本当に霊が視えていたんだと思う。

投げやりになって死を受け入れたことで、それまで見えなかったモノが視えるようになってしまっていたんだろうな。

でも、この目ではっきりと視て、感じて、俺の考えは変わった。

あんな奴らの待っている世界なんかには絶対に行きたくないってな！

あいつらは俺の気持ちなんかお構いなしに仲間が増えるのを楽しんでいるだけ。

だから死を覚悟した俺を早く連れて行きたかったんだろうな。

でも、あんな気持ちの悪い微笑みを一度でも視てしまったら、もう無理だ。

あんな奴らとは……。

人の死を笑って見ている奴らの仲間になるなんて絶対にご免だ！

最後に彼は力強い目でそう言ってくれた。
現在彼は医師から宣告された余命を大きく超えて治癒へと向かっている。
生存率二十パーセント。
俺はその奇跡を信じている。

おっとりは嫌い

バイクという趣味を通して知り合った高部さんは、地元のＩＴ企業に勤める二十代の女性。毎日忙しく働いている彼女は、休日にバイクに乗って走りに出かけることを何よりの気分転換にしている。

そんなバリバリのキャリアウーマンである彼女とは打って変わって、彼女の母親はずっと専業主婦をしているそうだ。

幼い頃は、いつも学校から帰ると家で待っていてくれる母親の存在が何より嬉しかったという。

しかし、成人し働き始めると、いつも家に居る母親の言動に何かと苛立ちを感じるようになってしまった。

母親は何事もマイペースで、いつものんびりとした対応しかしない。

常に仕事で上司から急かされ、時間に追われて走り回っている彼女にとって、母親のおっとりした性格は何かと癇に障ることが多く、いつしかストレスのはけ口として口撃の対象になっていった。

「お母さんみたいなおっとりした性格じゃ、社会に出たらやっていけないんだよ？」

「少しは私みたいに慌ただしい生活を送ってみればいいんだよ！」

そんな彼女の罵詈雑言を聞いても、母親はいつもと同じようにゆっくりとした口調で、

「本当にね……ごめんなさいね……。でも、お母さんもこれでも頑張ってるつもりなんだけどなぁ」

と、まさに暖簾《のれん》に腕押しといった感じだった。

そのうち彼女も次第に諦めてしまい、せめて自分は絶対にお母さんのようにならないでおこうと心に誓ったという。


そんなある年、家族はそれまで住んでいた古い戸建て住宅から、郊外の新しめの中古住宅に住み替えた。

彼女としてもその転居自体には大賛成だった。

それまで住んでいた家には駐車場がなく、歩いて五分ほどかかる月極駐車場を借りていたのだが、新しい家は郊外ということもあり、かなり大きな駐車スペースが確保されていた。玄関を出てすぐに車に乗れるし、何より駐車場代もかからないのだから、少しくらい通勤時間が長くなったとしても、彼女にとってはメリットのほうが大きかった。

そして引っ越しも終わり、いよいよその家に住み始めたのだが、半月ほど経った頃、彼女は二階の自室の天井に、黒い染みを見つけた。

何か奇妙な形の黒い染みは、明らかに単なる汚れとは思えなかった。

白い天井には確かにデザインされた模様の柄はついていた。

しかし、その染みはどう考えてもそんな柄とは全く異質なものだった。

何とも言えぬ気持ち悪さを感じた彼女は、毎日仕事から帰ってきて寝る前の間、数秒間、その黒い染みを見つめるようになっていた。

そんなある夜、その黒い染みが明らかに前日より大きくなっていることに気付いてしまった。

既に家族は全員寝てしまっており、彼女自身もベッドに入っていたのでできるだけ気にせず、天井を見ないようにしてそのまま眠りに就いた。

しかし、彼女は真夜中に目を覚ましてしまった。

何か説明のつかない息苦しさを感じたのだという。

暗闇の中で目を覚ました彼女は、自分の体が全く動かなくなっていることに気付いた。

それまで一度も金縛りに遭ったことのなかった彼女は、何が起きたのかと不安で一杯になった。

同時になぜか無性に天井の黒い染みが気になって仕方がなかった。

真っ暗な部屋の中で、天井の染みだけがぼんやりと浮かび上がっているように感じる。

とにかく体が全く動かせず、声も出せなかったため、染みを見つめ続けることしかできることがなかった。

キリキリキリ……。

ふと、そんな音が聞こえたという。

音と同時に彼女が凝視している染みから何かが垂れてくるのが見えた。

えっ、何⁉

あまりの恐怖に叫びだしたかったが声は出せず、天井から視線を逸らそうとしてもそれすらできなかった。

そうしていると、天井から逆さの状態の女がゆっくりと降りてきて、両足を天井に張り付けるようにしてぶら下がった。

そして、彼女の顔を怖い顔で睨んできたのだという。

それを視た瞬間、彼女は意識を失ってしまい、朝になって目を覚ますと一気に恐怖が蘇ってきて慌ててベッドから飛び起きて一階へと駆け下りた。

一階の居間では両親が寛いでおり、彼女は昨夜起きたことを興奮気味に話して聞かせた。

すると、父親は、

「そうか、この家確かに安かったからなぁ。そういうこともあるのかもなぁ」

とさして慌てる様子も見せず呟き、母親はといえば、

「あなたが視たというのなら本当にオバケが出たんでしょうね。でも、そのオバケさんが天井の染みから降りてくるんだとしたら、何か対策方法を考えないとねぇ。まぁ、いいわ。お母さんが何かアイデアを考えておくから、あなたは安心して仕事に行ってちょうだいね」

と、のんびりとした口調で返してきた。

彼女としてもとりあえずその日は一刻も早く家から出たかったので、そのまま急いで仕事に出かけた。

仕事は相変わらず忙しく、お陰でかなり気を紛らわせてくれたが、仕事から帰宅する車中ではずっと、早く別の家に引っ越さないと……と、そればかり考えていた。

仕事から帰宅した彼女を、母親はいつもと変わらない穏やかな笑顔で迎えてくれた。

家に近づくにつれ、昨夜の恐怖が蘇ってきていた彼女にとって、母親の普段通りの笑顔は何物にも代え難い癒しになったという。

その時ばかりは、のんびりした性格もこういう時には良いもんだなと感じたそうだが、

次に母親が一日かけて用意したという〈対幽霊用のアイデア〉を見せられた瞬間、脱力した。前言撤回。いつも以上のイライラが湧き上がってきた。

母親が用意していたのは玄関に置いてある傘立て。

先端に長い木の棒が取り付けられており、さらにその先端にはカッターナイフが天井に向けて取り付けられていた。

「……お母さんって本当に馬鹿なんじゃないの!?」

そう言って彼女は顔を真っ赤にして母親を罵倒した。

しかし母親は、

「やっぱり馬鹿なのかなぁ……。でも、天井から降りてきたのが女の人だったってことは、元々は人間だったたってことでしょ？　だったら、効くと思わない？　頭にカッターが刺さるのは嫌だもの……。お母さんだったら降りてこないけどなぁ」

そう言って笑っていたという。

彼女は半ば呆れながらも仕方なく母親が作った装置を天井の染みの真下に置いたという。

何もしないよりはマシかもしれない……そんな気持ちで。

そして、真夜中――。

再び目を覚ました彼女は、天井から逆さになって降りてきている女がカッターナイフの刃の少し手前で停止しているのを見た。

相変わらず体は動かせず声も出せなかったが、それでも天井から降りていたのは頭から首の部分だけだった。

それを見た彼女は、もしかして本当にカッターの刃が頭に当たるのを嫌がっているってこと？　と思いながら、天井から出ている首から上の部分だけを凝視していると、不思議と昨晩よりは恐怖は感じなかったという。

いや、確かに怖い気持ちもあったが、それと同時にカッターの刃が怖くてそれ以上降りてこられない女の顔を見ていると、やはり少し滑稽に思えたそうだ。


朝になり、彼女は母親に昨夜のことを話した。

「お母さんのお陰であの女、天井から顔しか出せなかったよ！　なんでも試してみるもんだよねぇ！」と。

すると母親は、

「あら、そうなの？　ごめんなさいね……顔が出てたのならまだ怖かったでしょ？　それじゃ、もう少しカッターナイフの取付位置を高くしとくからね」

と、いつものようにゆっくりした口調で笑っていた。

その日、仕事から帰宅すると、彼女の部屋には天井ぎりぎりの位置までカッターの刃が伸ばされた傘立てが置かれていた。

するとその日の夜にはもう、女が降りてくることもなかったという。

彼女は喜び、母親にお礼を言うとそのまま意気揚々と仕事に出かけた。

もうこれで天井女に悩まされることもあるまいと思っていたのだが、帰宅すると母親から意外な報告を受けた。

「あなたの部屋の天井の染みだけどね……。位置がだいぶ移動していたみたいだったから傘立ても移動しておいたわよ」

慌てて部屋に行って確認すると、天井の染みの位置が大きく右へ移動しており、しっかりとその真下に傘立てが移動していたという。

それで気付いたことなのだが、天井の染みが移動するのはいつも昼間で、夜に帰宅してから傘立ての位置を移動するだけでそれ以後もその女の姿を視ることはなくなった。

相変わらず金縛りには遭っていたが、それさえもいつしか自力で解けるようになったと彼女は笑う。

確かに毎日のように天井を確認し、傘立ての位置を移動するのも大変と言えば大変なのだが、幽霊との根競《こんくら》べだと思い、毎日の日課にしているそうだ。

そんな彼女は、最近では母親のようにおっとりとした女性になるのも悪くないかな、と本気で思い始めているようである。

上っていく

これは女性読者さんから寄せられた話になる。

彼女は生まれも育ちも岡山県であり、四十代半ばになった現在まで他県で暮らした経験はないのだという。

岡山県の山間にある実家で両親と共にずっと暮らしてきたが、結婚を機に市街地の一軒家に移り住んだ。

中古の家はそれなりに古くいたる所が傷んでいたが、それでも住み始めてから十五年以上、怪異と言える現象は一度も起きてはいなかった。

その間、彼女達夫婦には一人娘が生まれごくごく平凡な生活が続いていた。

しかし、それまで空き地だった場所に高層マンションが建った頃から、不可思議な現象が起こるようになった。

誰もいないはずの二階から物音が聞こえてきたり、屋根の上からヒソヒソと話す声が聞こえてきたりと、確かに不可思議な現象ではあったが、それらは巷でもよく耳にする程度の不可解さであり、特に実害を感じるほどのものではなかった。なので、できるだけ気にしないように心掛けておけば、特に不安を感じることもなかったという。

だが、ある夜、彼女はそれまでとは違うレベルの恐怖を味わうことになった。

それは、深夜二時を回った頃のことだった。

寝ていた彼女は、階段から聞こえてくる物音に気付き目を覚ました。

それは誰かが階段を上がったり下りたりしている足音には聞こえなかった。

ゴソゴソと階段で何かをしているという感じの音で、いったい何をしている音なのか全く見当がつかなかった。

しかし、音が聞こえてくるのは確かであり、何かを擦るような音が聞こえてきた後には、必ず何かが階段から擦り落ちていくような音が聞こえてきた。

彼女はその音に恐怖し、階段を確認しに行く勇気も持てず、そのうちに尿意を催してきたがトイレにも行けず、ただ悶々として朝を迎えた。

完全な寝不足状態で起きた彼女だったが、夫や娘にはその夜のことは話さなかった。

夫や娘さんを怖がらせたくなかったのだという。

しかし、階段から聞こえてくる不審な音はその夜だけではなく、それから毎晩聞こえてくるようになった。

その音が聞こえるのはいつも午前二時から三時頃まで。

さすがの彼女も寝不足と恐怖のため、ある朝起きてきた家族に相談した。

すると、その音が聞こえていたのは彼女だけではなく、夫も、そして高校生の娘さんもしっかりと聞いていたことが分かった。

ただ、やはりその音の正体を確かめる勇気はなく、夫も娘さんもそのまま聞こえていないフリをしていたようだった。

その音自体はそれほど大きなものではなかったし、朝になって階段や一階が荒らされたり汚されているということもなかったので、しばらく我慢していればそのまま知らないうちに眠りに就いているし、実害があるというレベルではなかったらしい。

そんなある夜、娘さんがいつものように階段から聞こえる音に目を覚まし、それと同時にトイレに行きたくなった。悩んだ末に、彼女は勇気を振り絞って一階へと下りてみようと思った。

「でも結局トイレには行けなくて、朝まで我慢させられたんだよね」

朝になってそんな話をする娘さんに、彼女と夫は恐る恐る尋ねた。

やっぱりあの音の正体は幽霊の類だったんだよな？

だから怖くて階段を下りられなかったんだよな？　と。

しかし、その質問に娘さんは大きく首を横に振って、こう返してきたのだという。

「う〜ん、怖くは感じなかったかな……。幽霊の類かどうかは分からないけど……。でも、邪魔しちゃいけないっていう気持ちになっちゃってさ……」と。

娘さんの要領をえない返事に困惑し、さらに質問をしようとしたが、何かと忙しない朝ということもあり、その場は何となく有耶無耶に終わった。

そして夜になり再び家族が揃った時、二人は再び娘さんに朝と同じ質問をした。

すると、娘さんは、

「う〜ん、なんか説明するのが難しいんだよね。そんなに気になるんだったら自分達の目で確かめてみれば良いじゃん？」

そう言ったきりそれ以上は何も答えてくれなかった。

そう言われて彼女は決心がついた。

娘はその音の正体を見ても怖がってはいなかった。

だとしたら自分の目で不可思議な音の正体を確かめ、それを排除できれば夜中にもトイレを我慢する必要がなくなる。

ただやはり一人でというのは怖かったので、夫にも協力してもらうことにした。

その夜、彼女と夫は少し早めに寝て、午前二時少し前に目を覚ました。

そうして待っていると、いつものように午前二時を少し回った頃、階段から音が聞こえだした。

ガサガサガサ……ダンダンダン……。

やはり何かが階段で動き、そしてそこから落ちていっているような音。

彼女と夫は目を合わせて頷くと、大きく深呼吸してからゆっくりと寝室のドアを開けた。

既に昨夜、娘さんが一度見ているということで、少しは気持ちに余裕があった。

そして、階段の上から気付かれないように細心の注意を払いつつ、いつでも逃げられるような態勢でそぉっと下を覗き込んだ。

え……？

その様子を見て、二人は呆気にとられて思わず思考が停止した。

確かに、娘さんが言っていたように恐怖は感じなかった。

覗き込んだ階段にいたのは、必死に階段にしがみついて上へ上ろうとしている赤ん坊の姿だった。

一段上るのにもかなりの時間を要し、それでも懸命に上り続け、そのうちに手を滑らせて一階の廊下まで落ちていく。

しかしすぐにまた起き上がって階段にしがみつく……。

そんなことを繰り返していた。

恐怖は感じなかったが、やはり娘さんが言っていたように邪魔してはいけないという気持ちになったという。

階段を上っているのはいったい何なのか?

どうして自分の家の階段を必死に上ろうとしているのか?

そんなことはどうでもよくなっていた。

とにかく手に汗を握って、赤ん坊の一挙手一投足を見つめながら、

「頑張れ……頑張れ……」

と心の中で祈り続けていた。

しかし、その後、その赤ん坊は何度目かの落下の後、泣きそうな顔をしてそのまま消えていった。

朝になり家族が揃った際、その話でもちきりになった。

なぜ我が家の階段に赤ん坊がいて、毎夜階段を上ろうとしているのか?

その理由は分からないが、とにかく赤ん坊を応援してあげたい気持ちで家族の思いは一致していた。

ただ、色々と話し合った結果、その赤ん坊が階段を上りきれるまでは邪魔をせずに見守っ

てあげようということになった。

それから彼女と夫はタイマーをセットして、わざわざ午前二時前に起き、そのまま赤ん坊が現れて消えるまで見守るのが日課になった。

しかし、それから何度目かの夜が過ぎたが、赤ん坊は相変わらず階段を上りきることができずにいた。

夫や娘さんからは、「階段に滑り止め加工をしたらどう？」とか「赤ん坊でも上れるように小さな手製の階段を端っこに作ってやったらどうだろう？」というアイデアまで飛び出したが、彼女はそれは違うと二人の意見を制止した。

やはりあの赤ん坊が自力で階段を上らなければ、意味がないのではないか？

根拠があるわけではないのだが、何となくそんな気がしたのだという。

そして、もしかしたら……と思い、こんな提案をした。

それはしばらくの間二階で寝るのを止めて、家族は一階で寝ることにしてはどうか？

というものだった。

それならば余計な作業も費用も必要なかったし、何より彼女にはそれが最善の策なのではないかという思いが強かったのだという。これもまた直感のようなものなのだが。

その夜から、全員が一階のリビングで寝ることになった。

それでも午前二時を回るといつものように階段からの音が聞こえてきた。

その夜は娘さんも加わって、三人でその赤ん坊を見守っていた。

すると、彼女達の目の前でその赤ん坊はゆっくりとではあるが、一度も階段を落ちることもなく二階へと上りきることができたのである。

その瞬間、振り返って満面の笑みを浮かべた赤ん坊は、そのまま薄くなっていき、やがて屋根を通り抜けるようにして消えていったという。

その一部始終を見ていた彼女達は、気付かぬうちに大粒の涙をこぼしながら拍手をしていたそうだ。

それからはもう、赤ん坊が階段に現れることはなくなった。

少し寂しく感じているそうだが、きっとその赤ん坊は階段を上りきったことでそのまま天に昇れたのだと信じているそうだ。

ラーメン店

彼は県内に住む四十代の会社員で、俺のバイク仲間でもある。

いまだ結婚はしておらず独身生活を満喫している。

彼が結婚をしない理由は縛られたくないから。

一度きりの人生なのだから好きな趣味に没頭し、好きなことだけに時間を使いたいと思っており、特に食事に関してはかなりの拘りがある。

まあそれも一言で言ってしまえば単なる偏食に過ぎないのだが、好きな物を好きな時に食べたい彼にとって、結婚してからの朝・昼・晩の栄養バランスを考えた食生活など想像もしたくないのだという。

そんな彼が好んで食べるのはラーメン。

インスタントやカップ麺は一切食べず、彼はラーメンを食べたくなると必ずお店へと足を運ぶ。

醤油、豚骨、塩、味噌などその時の好みで食べに行くラーメン店を決めており朝・昼・夜の食事が全てラーメンという日も珍しくない。

そんな彼が、いつものように行きつけのラーメン店へ塩ラーメンを食べに行った時のこと――。

常連客の彼はいつも店のマスターに、

「美味しいのを大盛りで！」

と注文するのだが、彼がそう言うとマスターも笑いながら、

「へい、分かりました！　特別に美味しいのを大盛りで！」

とノリよく返してくれるらしく、そういうやり取りも堪らなく好きなのだという。

しかし、その日は出てきたラーメンを見て思わず動きが止まった。

なんなんだ、これは？

ラーメンの上に長くて端の部分にパーマがかかった茶色い髪の毛が一本載っていた。

何度もその店に食べに来ているが、そんなことは初めてだった。

クレームを入れてラーメンを取り換えてもらおうとも思ったが、何となく店内の雰囲気が悪くなりそうに感じ、我慢してそのまま食べることにした。

ラーメンの味はいつも通りとても美味しかった。

しかしラーメンを食べている途中、彼はあることに気が付いた。

それはその店の従業員は全て男性だということ。

だとしたら、どうして？

疑問が頭をよぎったが、せっかくのラーメンが不味くなると思い、できるだけ余計なことは考えないようにして一気にラーメンを平らげた。

確かに気持ちの良い食事とは言えなかったが、まあそんなミスもあるだろうと自分に言い聞かせて、さっさと忘れることにした。


二日後。

再びそのラーメン店を訪れて同じものを注文した彼は、目の前に出されたラーメンを見て絶句した。

ラーメンの上にまた長い髪の毛が載っていた。

しかも、その時出されたラーメンには十本ほどの髪の毛が束のようになってゆらゆらとスープの上で揺れていた。

二回続けて……こんなことありえるのか？

さすがにこれはマスターの悪戯に違いないと思った彼は、嫌味混じりに笑いながらマスターにこう言った。

「これはちょっと悪戯が過ぎるんじゃない？」と。

マスターは慌ててラーメンを確認すると、すぐに平謝りして代わりのラーメンを作り始めた。

その時のマスターはいつものノリのいい彼とは別人のようだった。

何かに怯えているかのように彼から視線を外し、黙々と手元だけを見て作っていたのが妙に気になったという。

しかし、彼としても二回連続でラーメンに髪の毛が入っていたこともあり、ラーメンを作っている間中、マスターに視線を注ぎ続けた。

しかし、作り直されたラーメンが目の前に出された瞬間、彼は思わず「えっ？」と声を出してしまった。

ラーメンの上にはまた長い髪の毛が載っていた。

先ほどよりも多い、二、三十本ほどの毛が浮いている。

相変わらずマスターはわざと彼から視線を外し、どこかおどおどしているようにも見えた。

しかも先日から数えれば、三回連続で髪の毛が混入していたことになる。

完全にからかわれているのか？

それとも、俺に食わせるラーメンはないとでも言いたいのか？

彼は憮然として席を立ち、そのまま無言で店を出た。

そんな彼を見てもマスターは謝ることも止めることもしなかった。

その時彼はかなり頭に来てはいたが、マスターと喧嘩して店に出入り禁止になることだけは避けたかった。

何軒ものラーメン店を回ってようやく見つけた好みの塩ラーメン。

それを食べられなくなるのは彼にとっても死活問題だった。

だから、さっさと店を出てしばらく時間を置いてから、またあの店の塩ラーメンを食べに行こうと思っていた。

店を出た彼だったが、やはりラーメンを食べたい欲求は収まらず、そこから近い距離にある行きつけの豚骨ラーメンの店へ向かった。

そこでいつものように豚骨ラーメンの大盛りを注文した彼だったが、なんと出されたラーメンの上にはやはり長い髪の毛が載っていた。

しかも、今度は百本はあろうかというほどの大量の髪の毛が……。

(なんなんだ……今日は?)

彼はラーメンには手を付けずに店を出た。

不思議な顔で彼を見ているマスターに、「髪の毛、入ってるよ」と嫌味を言いながら。

その時の彼はもう意地になっていた。

どうして自分のラーメンばかりに髪の毛が入ってるんだ？

しかも、あれほど大量の髪の毛ともなれば、うっかりということも考えられない。

みんなで俺をからかって楽しんでいるのか？

だとしたら、絶対に髪の毛が入っていないラーメンを食べてやる！

そう思った彼は、これも行きつけの醤油ラーメンと味噌ラーメンの店をそれぞれ回ったが、やはりどの店のラーメンにも長い髪の毛が入っていた。

しかも、どんどん入っている髪の量が増えていく。

彼は疲れ果ててしまい、一番最初に行った塩ラーメンの店へと再び向かった。

その店のマスターが一番付き合いが古く、仲も良かった。

しかも先ほどのマスターの態度から何かを聞けるのではないかと思ったのだそうだ。

彼が再び店に訪れると、マスターは一瞬ビクッとなり本気で驚いた顔をした。

それでもすぐに我に返ったように、先ほどの髪の毛が混入していた件を謝罪してくれた。

しかし、その時の様子も明らかに彼に怯えているようにしか見えなかった。

彼はもう一度同じ塩ラーメンの大盛りを注文した。

マスターは一瞬驚いた顔をしたが、すぐに調理を始めてくれた。

そして、ラーメンができ上がると申し訳なさそうに彼にこう言ってきた。

「すみません……お出しする前にラーメンを確認していただけますか？」と。

彼も先ほどの件もあり、マスターの言葉に応じるように席から立ち上がると、調理場のカウンターの上で湯気を上げているラーメンを確認した。

髪の毛は載っていない。

「うん、今度は大丈夫みたいだね」

彼がそう言うと、マスターはおどおどしながらも彼の前へとラーメンを運んできた。

しかし、割り箸を手に取りラーメンを食べようとした彼は、その瞬間またもや固まってしまった。

ラーメンの上には無数の長い髪の毛が載せられていた。

彼は驚いた顔でマスターを見た。

すると、マスターは何かに怯えているように小声で囁いた。

「すみません……もう少しで今日は早仕舞しますから。それから説明しますんで、それまで待っていてもらえますか？」と。

そうして、他の客が全て食べ終わり、店から客がいなくなった瞬間、マスターと従業員が慌ただしく店の外に「本日は閉店しました」という看板を出して店内に戻ってきた。

マスターは彼の目の前に立ち、三人いる従業員は、まるで彼に近づきたくないかのように店内の隅に固まって、じっと彼を凝視していた。

マスターが口を開く。

「本当にすみません……。ただ髪の毛に関しては私どもにも全く見当がつかなくて。うちの店には女性の従業員はおりませんし長い髪型の者もいません。それにね、代わりのラーメンを作った時には細心の注意を払って髪の毛が混入しないように作りました。

でも、実際にお客さんがラーメンを食べようとした時には、また髪の毛が混入していた。私達もプロですから、お客さんに変な物を出すような悪戯はしません。

それで、お客さんが帰られてからラーメンを調べてみたんです。

すると……なんですが、ちょっと目の前のラーメンの面を箸ですくい上げてもらえますか？」

そう言われ、彼がマスターの言う通りに箸を突っ込んでみると、ラーメンの麺の下からさらに大量の長い髪の毛がスープの上に浮かび上がった。

「うわぁ……なんだ、これ！」

そう言って大声を上げた彼に、マスターは必死に冷静さを保つように淡々と話を続けた。

「そうなんです……髪の毛は麺の下にも大量に混入していたんです。

驚きました……こんなことは初めてのことですから。

そうしたら従業員の一人がこう言ってきました。

あのお客さんのすぐ後ろに、髪の長い女が覗き込むようにして立っていたって……。

私にはそんな女の姿は視えませんが、どうやら彼にはかなり強い霊感があるみたいで。

本当はこんなことは言いたくないんですけどね。

食べに来て頂けるのは本当にありがたいことなんですが、お客さんのほうでその女を何とかされるまでは、うちの店にはもう来ないでいただけませんか？

うちも客商売ですし、従業員も怯えちゃってまして。

そのうち、店にも何か起こるんじゃないかと不安なんです。

それくらいヤバいのがお客さんに憑いているみたいですよ？」

くれぐれもお気を付けください、という言葉とともに、事実上の出入禁止を言い渡され、茫然自失状態で彼は帰宅した。


彼はラーメンを一切食べなくなった。

ラーメンを食べに行くと今でも必ず長い髪の毛が混入してしまうが、そばやうどん、パスタなど、他の麺料理を食べている分にはそんなことは起こらないそうだ。

だからお祓いや除霊の類も受けてはいない。

ラーメンさえ諦めて、普通に生活していれば何も起こらないのだから。

だが、本当にそれだけのことなのだろうか？

俺には彼の身にいずれ、取り返しのつかない厄災が降りかかるような気がしてならないのだが。

掛け軸から出てくるもの

これは加古川市に住む大学時代の友人から聞いた話になる。

彼が生まれ育った生家は立派な日本家屋であり、部屋だけでなく台所や浴室まで全てが純和風の造りになっていた。

元々はその辺りの地主の家系だったそうで、大きな庭園まで備えた彼の自宅は友達から大きくて立派なお屋敷だといつも羨ましがられていたが、彼としては自分が住んでいる家がどうしても好きになれなかった。

友達の家は現代風のお洒落な造りであり、彼はとってはそんな洋風の家が理想だったようだ。

ただ、彼が自分の家を毛嫌いしていたのにはもう一つ別の理由があった。

彼の家には洋間がなく、全ての部屋が障子と引き戸のついた畳の間だったが、その中でも特に嫌っていたのが大きな客間にある床の間だった。

その床の間にはいつも掛け軸がかけられていた。

かなり古く高価な掛け軸だったようで、両親や祖父母は彼や弟にその掛け軸には絶対に近寄らないように、といつも厳しく言い聞かせていた。

もっとも彼のほうもその床の間に近づこうなどと思ったことは一度もなかった。

彼にとって床の間のある客間は特別に恐ろしい場所だったからだ。

なぜそれほどまでに床の間を怖がるのかには明確な理由があった。

床の間に常にかけられている、例の掛け軸である。

その掛け軸は女の人が描かれたものだったが、彼から見ればそれは幽霊が描かれた掛け軸にしか見えなかった。

着物を着た細すぎる女が、長い髪の間からこちらを振り返っている構図は、その女の不気味な表情とも相まって、とても人間の女を描いた掛け軸には思えなかった。

確かに大きく立派な掛け軸ではあったが、彼にしてみれば、なぜそんな恐ろしい掛け軸を家の中に飾っておくのか、不思議で仕方がなかった。

彼の弟も同じようにその掛け軸を怖がっているのを知っていた彼は、何度か両親や祖父母にその掛け軸を飾らないで欲しいと頼んだらしい。

しかし、そのたびに「罰当たりなことを言うんじゃない！」と本気で激高されたそうだ。

だから彼も弟さんも何があろうと絶対にその客間には入らないようにしていたそうだ。

そんな掛け軸だったが、結婚し、子供ができて家を建てた時に、なぜか彼が貰い受けることになってしまった。

祖父母が亡くなった際に孫への財産分与として幾つかの土地と金銭、そして何点かの陶器や壺などと一緒に、その掛け軸も彼の元へと送られてきた。

彼は掛け軸だけは両親に保管してもらおうと思っていたらしいが、それを言い出せないうちに両親も立て続けに急逝してしまった。

弟さんに引き取って貰おうかとも思ったらしいが、弟さんは彼に輪をかけてその掛け軸を怖がっているのを知っていたのでそれも断念し、それならば自分の手で処分しようと思ったという。

土地も売り、陶器や壺などもすぐに売れた。

しかし掛け軸だけはかなり高価な評価額がついていたが、いっこうに売れる気配はなかった。

仕方なく彼はその掛け軸を持ち帰り、奥さんに黙って二階の寝室のクローゼットの中に保管しておくことにした。

その頃の彼は結婚して数年後に、念願だった洋風の家をローンで購入していた。新居に似つかわしくない不気味な掛け軸を家の中に保管するなど、奥さんには言えなかったのだという。

ところが、ある時偶然、彼の奥さんがクローゼットにしまっておいた掛け軸を見つけてしまった。仕事から帰宅した彼は奥さんから、あんなに素敵な掛け軸があるのなら和室に飾っておきましょうよ！　と言われたという。

確かに彼の新居にも和室はあった。

しかし、それは本物の和室ではなく、洋間と同じ造りの部屋に壁紙と畳、そして障子窓で細工をし、和室風に見せているだけの部屋だった。

そんな部屋にあの掛け軸を飾ろうと奥さんは言うのだ。

確かに床の間もあったが、それでも彼はその掛け軸を飾ることには反対した。

彼としては、掛け軸を隠し持っていたことを怒られなかったことにはホッとしていたが、それ以上に、奥さんがあの不気味な掛け軸を見て「素敵」と感じたことに強い違和感を覚えた。さらには飾ろうとまで言い出したことに動揺していた。

何かとてつもなく嫌な予感がしたのだという。

しかし、どの家でも同じかもしれないが、やはり奥さんの意見というのは絶対的に強いものだ。

彼は奥さんに押しきられる形で、その掛け軸を和室の床の間に飾った。

何か昔の嫌な記憶が蘇ってきた彼は、できるだけ和室に近づかないようにした。

あの時は幼さゆえに意味もなく恐ろしかった女の絵だが、大人になった彼にとってそこまで怖がるようなものでもないはずだ。

そもそも掛け軸を飾ったからと言って、何かが起きることなどあり得ない。

しかし、そのあり得ないことが起きてしまったのだ。

小学生になる彼の息子さんが、夜中にトイレに起きた際、廊下に立つ女の姿を目撃したのだ。

寝ぼけていたのだろう、息子さんはそれが母親だと勘違いした。

「お母さん？　何してるの？」

寝ぼけまなこでそう声をかけたという。

すると背中を向けて立っていたその女が、息子さんのほうへと振り返った。

その顔は母親とは似ても似つかなかった。

いや、そもそもその女の下半身は向こうを向いたまま、上半身だけをくるりとこちら側へ百八十度回転させて振り返ったという。

息子さんはその場で大声で泣きだし、その泣き声にハッと目覚めた彼と奥さんは急いで階下へと下りていった。

そこで、彼もその目ではっきりと視た。

廊下の手前には息子さんがうずくまって大泣きしており、その向こうには確かに誰かがこちらを向いて立っていた。

着物を着た、般若のような不気味な顔の女……。

その姿はまさにあの掛け軸の中の女が抜け出してきた姿にしか見えなかった。

恐怖と衝撃で立ち尽くす彼の眼前で、女はゆっくりと上半身を向こうへと回し、そのままゆっくりと消えていったという。

そのまま眠れず朝を迎えた彼ら家族は、明るくなってから和室にある掛け軸を確認した。

女は……確かに掛け軸の中に存在していた。

しかし、以前見た時とは明らかに立ち姿が違っていた。

掛け軸の中で女が動いた？

彼には、昨晩視た女は掛け軸の中から抜け出してきたモノにしか思えなかった。

（やはりこの掛け軸は飾っておくべきではない……）

そう考えた彼は急いで掛け軸を外すと、元の木箱へと収め、物置の中へ仕舞った。

評価額などどうでもいい、次の休みの日に骨董屋に持ち込んで、二束三文でも良いから引き取って貰おうと決めた。

そうして仕事に出かけた彼だったが、仕事から帰宅すると物置にしまっておいたはずの掛け軸が再び和室にかけられていた。

奥さんに尋ねると、「なんかあの掛け軸が可哀想に感じちゃって……」などと言う。

そして、やはりこの掛け軸は我が家の和室にずっと飾っておくべきだと主張した。

しばらく言い合いになったが、奥さんは頑として引かなかった。

仕方なく、今度の休みの日まではその掛け軸を和室に飾っておき、隙を見て奥さんには内緒で売り払ってしまうことにした。

しかし、怪異はその日の夜から再び起こってしまう。

息子さんは昨夜の一件から怖がってしまって一人では寝られず、彼ら夫婦と同じ部屋で寝ていた。

その夜、息子さんは彼と同じベッドで眠りに就いていた。

彼は真夜中にハッとして目を覚ました。

階下から何かが廊下を摺り足で動いているような音が聞こえた。

音は息子さんにも聞こえていたらしく、隣で息子さんがガタガタと体を震わせているのが分かった。

「大丈夫だからな……」

彼は息子さんに優しく声をかけた。

そして、奥さんの様子を窺おうと顔を見た瞬間、彼は全身から一気に血の気が引くのを感じた。

横のベッドに寝ていた女の顔は奥さんではない。掛け軸の中の女の顔だった。

しかも、カッと目を見開いて彼と息子さんを睨みつけていた。

体は何とか動かすことができた。

彼はゆっくりと布団を被ると、そのまま息子さんを抱きしめ、朝まで震えながら寝たふりをするしかなかったという。


翌日。何とか朝を迎えた彼は、そのまま会社を休んだ。

勿論、掛け軸を処分するためにである。

もう安値で売るなどと言っている余裕はなかった。

とにかく一刻も早くあの掛け軸をこの世から失くしてしまわなければ！

それしか考えてはいなかった。

和室に入り掛け軸を外し、そのまま外へ出ようとしたところで、奥さんに見つかった。

「何をするつもりなの？　可哀想じゃない！」

金切り声で抵抗されたが、今度ばかりは彼も止まらなかった。

車に乗り、近くの河原まで行くとコンクリートの上で掛け軸に火を点けた。

掛け軸はなかなか燃えてはくれなかったから車の給油口から少しだけガソリンを取り出して火にかけた。

すると、勢いよく燃え出し、最後には断末魔のごとき叫び声が炎の中から聞こえた。

驚いたことに、完全に燃え尽きた後にコンクリートの地面を見ると、燃えて灰になっているはずの燃えカスがひとかけらも見つけられなかった。

それでも何とか目的を達成し、彼はやっと安堵の息をついた。

帰宅して奥さんに、さっきはすまなかったと謝ると、きょとんとされた。

奥さんは掛け軸のことを何一つ覚えてはいなかった。


彼は最後にこう言っていた。

あの掛け軸はきっと呪物だったんだ。

あの女はずっと掛け軸の中に棲みついていた。

本来飾っておいてはいけない掛け軸だったんじゃないかと思う。

それがどうして実家にずっと飾られていたのかって考えるとさ、妻の場合と同じで、かなり早い段階からうちの家族は魅入られていたのかもしれないな。

そうなると祖父母や両親の死も、あの掛け軸と関係があったとしか思えない。

こんなことを言うのもおかしな話だが、あの掛け軸を燃やした本人である俺が言うべきことではないのかもしれんが……。

今一番危惧しているのは、自分が本当にあの掛け軸をこの世から消し去れたのか？　ということなんだ。

燃やしたのに燃えカスが何も見つからなかったし、そもそも何の手応えもなかったんだ。

もう一度我が家に戻ってくるのか？

それとも別の誰かの元に現れるのか？

呪物というのはそれほど簡単に燃やしたりできない物も多いらしいからさ。

あの掛け軸はそういう物だったんじゃないのかって……。

そう思えて仕方ないのだ、と。

色々と恐怖のペンション

大学時代に友人に誘われてスキー場のペンションで住み込みのバイトをしたことがある。

バイト料はそれほどでもなかったが、スキー場のペンションという響きがとても魅力的に感じられたし、もしかしたらスタッフの女子やスキー客と仲良くなれるかも……という根拠のない期待を抱いてそのバイトに参加した。

バイト期間は二週間ほど。

本当ならば一シーズンのバイトを募集していたのだがどうしても大学に戻らなければならない用事もあり、オーナーに頼み込んで二週間だけのバイトにしてもらった。

バイトを始めると仕事内容はなかなかハードだった。

朝早くから起きて雑用から力仕事、調理補助までやらなければならず、やらなければいけない仕事は多岐に亘った。

俺はその頃にはスキーは止めていたが、一緒にバイトに入った友人の中には仕事の合間にスキーを楽しめると期待していた者もいた。しかし、実際にはそんな余裕など微塵もなかった。

おまけに、バイトの先輩にはかなり癖の強い人、正直に言うと性格に問題がある人がなぜか多かった。女性にしても男性にしてもだ。

ああ、この世にはスキー場でのロマンスなど存在しないんだな……と、早々に諦めのついた俺だった。

これから書くのは、そのバイト中に俺が体験した恐怖になる。


バイトも数日が過ぎてそれなりに仕事も覚え体も慣れてきた頃、俺達はとある最古参の先輩バイトに呼び出された。

一人は男性、一人は女性であり、所謂各バイトグループのリーダー的存在。

彼らは毎年冬になるとそのペンションにバイトにやってきて、スキーシーズンが終わるまで住み込みで働き続けているという強者で、夜になると車で二十分くらいの場所にある自宅へと帰ってしまうオーナーに代わって、ペンションの全てを任されるという責任者的立場にある二人だった。

しかも、何年もずっと同じバイトをしているというのに、彼らはとても仲が悪いので有名だった。

そんな彼らに呼び出された俺達は、渋々ではあったが指定された部屋へと出向いた。

そして、その部屋で始まったのがなんと怪談大会だった。

酒を飲みながら交互に怪談を語っていく彼ら。

しかし怪談の内容はと言えば、どこにでもあるようなありきたりの話ばかり。

正直、何も怖くなかったし、さっさと自分の部屋に戻って翌日のバイトに備えてのんびりしたかったというのが本音だった。

だから俺達は半分あくびをしながらその怪談を聞いていたのだとが、それが彼らには気に入らなかったようだった。

「お前ら、少しは怖がれよ！」

「お前らのためにこうして貴重な時間を作ってやってんだからさ！」

そんなふうに怒鳴ってくる。

だが、別に俺達が頼んで怪談を語ってもらっているわけでもなかったから、つい本音が出てしまった。

確かに新人バイトと親交を深めようという彼らの気持ちはなんとなく分かってはいたが、そうやってマジ切れされると、こちらとしても酒が入っていたこともあり、つい言葉が荒くなってしまう。

「それなら、もっと怖い話をしてくれよ！」

「別にこっちが頼んだわけじゃねえだろ？」

なんて調子で言い返してしまった。

すると、突然、彼らの顔色が変わった。

真剣な目で俺達を睨みつけ、こう返してきた。

「下手に出てればいい気になりやがって！　そこまで言うんなら、本当に怖いものを見せてやるよ！　このペンションの中に存在するとてつもない恐怖をな！」

そう言って彼らはゆっくりと立ち上がった。

足音を立てないように静かに後ろをついてこい！

そう言って彼らは並んで静かに歩き出した。

そのペンションはまだ新しくとてもキレイな建物だった。

そんなペンションの中に本当に怖いものなど存在するのか？

それとも、この寒い中を外まで連れて行かれるのか？

しかし、俺達が退屈していたのも事実であり「本当に怖いもの」というのにお目にかかれるのなら、とワクワクしながら彼らの後をついていった。

炊事場の手前までやってきた時、彼らは俺達を制止した。

そして指を使って合図を送ってきた。

どうやらライトを点けてみろ……と言っているのだと理解できた。

俺達は期待と不安が入り混じった気持ちで静かに炊事場のライトを点けた。

ライトが点いた瞬間、昼間は真っ白な炊事場の床が真っ黒に変色していることに気付いた。

そして次の瞬間、その黒い床が波のように一気に動き出す。

ホラー映画でしかお目にかかれないような大量のGが床を埋め尽くしており、炊事場の照明を点けたことでそれが一斉に動き出し、コンロや流し台の下へと消えていった。

そして、真っ黒な床はほんの一、二秒でいつもの真っ白な床へと戻っていた。

二人は得意満面に話し出す。

一見きれいに見えても冬山のペンションの炊事場なんてこんなもんなんだよ！

どうだ？

明日からの食事がさらに美味しく食べられそうだろ？

そんな嫌味を言われても何も言い返す気力はなかった。

俺は内心期待していた幽霊やバケモノの類を見るよりも遥かに強い衝撃を受けてその場に立ち尽くしていた。

やがて俺達は酷い吐き気に襲われて、逃げるように自分の部屋へと戻った。

しかし、俺達が寝泊まりしている部屋は炊事場からそれほど離れてはいなかった。

それ自体が恐怖で全く眠れそうにもなかった。

横になっていつか疲れて眠りに落ちるのをじっと待つしかない。

しかし、暫く経った頃、俺達の耳に奇妙な音が聞こえ始めた。

バンバンバン……バンバンバン……

それは何かを叩くような音。

そして、その後に聞こえてきたのは、
バン……グチャ……バン……グチャ……。

という音だった。

それが何の音なのかはその時の俺達には容易に想像できた。

酒に酔っていた彼らはまだ炊事場にいるはずだった。

そして、酒の勢いでハイになり、Ｇを追いかけ回して踏みつぶしている……。

そんな光景しか頭に浮かばなかった。

俺達はさらに酷い吐き気に耐えながら部屋の中で固まっていたが、聞こえてくるその気持ち悪い音はずっと消えることはなかった。

何より、その音の合間に聞こえてくる彼らの歓声と雄たけび。

完全に狂っている……。

その時ほどそのバイトを選んだことを後悔したことはなかった。

それと同時に翌朝にはすぐにバイトを辞めようと固く決心した。

そんな状況の中でも、人間というのは不思議と眠りに落ちるもので、意識を失ったのか、眠りに落ちたのかは分からないが、気が付くと朝になっており、部屋の中にも眩しい朝日が差し込んでいた。

早朝に起きて朝の仕事を迅速にこなし、のんびり出勤してきたオーナーにすぐにでもバイトを辞めたいという意志を伝えた。

当然、何度も止められたが、「バイト料も要りませんから！」とまで言うと、渋々俺達の申し出は受理され、その日の夕方でバイトから解放されることになった。

ただ不思議だったのは朝になり仕事で炊事場に行く用事も何度かあったが、炊事場の床はいつも通りキレイな状態であり、彼ら二人もいつも通りのしかめっ面で黙々と仕事をこなしていたことだった。

昨夜聞こえていた音は何だったのか？

彼ら二人は気が変になってしまったのではなかったのか？

腑に落ちないものがぐるぐると頭を廻った。

さて、ここからは俺達がバイトを辞めてからの後日談になる。

あの夜俺達にトラウマを植え付けてくれた二人は、俺達がバイトを辞めた日の夜に行方不明になり、それ以後見つかってはいないのだと後に知った。

ペンションの建物から外へ出た形跡はなかったそうだが、だとしたら彼らは建物内のどこに居るというのか？

彼らが行方不明になったのはある夜の出来事があった翌日の夜。

だとしたら、あの夜に起因しているということなのだろうか？

いや、そもそもあの夜の出来事はいったい何だったのか？

もしかすると、俺達があの夜聞いていた音はもっと別の何かだったのかもしれない。

俺はそう思わずにはいられないのだ。

その後、俺は夏に再びそのスキー場を訪れ、一緒に行った友人が憑依されるという事態に直面してしまう。

その時の友人を祓ってくれたのが富山の住職だった。

今はもうそのスキー場は閉鎖されているらしいが、そのペンションは今もその場所に残されている。

朽ち果てた廃墟として。

今ならいったいどんな恐怖が体験できるのだろうか？
勿論、俺は二度とその場所には行くつもりはないが。

逃げ込んだ部屋で

これは以前行きつけのスナックで知り合った男性から聞いた話になる。

彼は四十代の独身で以前は警察で鑑識の仕事をしていた。

元警官や元刑事には会ったことはあるが、鑑識の仕事をしていた方にお会いするのは初めてであり、ついつい興味本位で色んなことを質問してしまった。

そして、鑑識という仕事をやっている中で今まで最も不可解で怖かった出来事は何か？と聞いた際に話してくれたのがこれから書く話になる。

しかも、これまたスキー場のペンションの話なのである……。


ある時、とある心霊スポットで自殺体が発見された。

ここまでは心霊スポットではよくあることなのかもしれないが、彼が言うにはあまりにも説明のつかないことだらけだったそうだ。

その心霊スポットは廃業したスキー場の近くにあるペンションで、ペンション自体もスキー場の廃業に合わせて廃業した。

誰も来なくなったスキー場と無人のペンション。

やはりどこからともなく噂が広がっていき、やがては若者達の好奇心を満たす恰好の場所となっていった。

所謂、「過去に曰くがない心霊スポット」という奴である。

しかし、その噂には全く裏付けがなかったかと言えばそうでもなかった。

スキー場建設の際には反対派が抗議の自殺を繰り返し、スキー場が営業を始めてからもオフシーズンには周りの山や森が自殺の名所となってしまっていた。

そんな背景もあり、その場所は心霊スポットとして認知され、急速に噂が広まっていった。ただ自殺の名所となってしまったのはあくまで周囲の山や森であり、そのペンション自体では何も起きてはいなかったはずなのだが。

そんなペンションへ、ある若者が心霊スポット探索と称して一人でやってきた。

ただ一人きりで来るのはやはり怖かったのか、夜ではなく昼間にペンションへ侵入した。

ペンションは施錠されており、窓も壊されていなかったことからその若者が何らかの方法でペンションに侵入し、内側からドアに鍵をかけたと思われる状況だった。

しかし、昼間とはいえ心霊スポットのペンションに一人でやってきて、内側からわざわざ鍵をかけるというのもおかしな話だ。

俺の経験では、いつでも逃げ出せるように鍵は絶対にかけないし、何なら窓すら開けたままにしておきたいと思うのが普通だと思うのだが……。

とにかくそこで若者は、何かと遭遇してしまったのかもしれない。

突然何かから逃げるように廊下を走り、突き当たりの部屋の中へと逃げ込んだ。

その部屋のドアには鍵が付いていたようで、若者は慌てた様子でドアを閉めると、内側から鍵をかけた。

若者の呼吸はかなり乱れており、その時の恐怖がひしひしと伝わってきた。

その後、ドアが何度かノックされたが、若者はそれに応じることはなかった。

そもそも聞こえてくるのはノックの音だけであり、他には若者の荒い息遣い以外は何も聞こえない。それでも、若者は酷く怯えた状態で、

「どうしよう！　どうしよう……！」

という言葉を繰り返していた。

若者はいったい何に怯えていたというのか？

そもそも何を視て、何に追いかけられてその部屋に逃げ込んだというのか？

実際、若者が逃げ込んだ部屋には、大人が余裕で外へ逃げ出せる大きさの引き違い窓があった。

それなのに、若者は窓から外へ逃げようともせず、ただ恐怖に震えているのが伝わってくる。

そして後日。若者は、同じように探検にやってきた心霊マニアのグループによって発見された。

……部屋の中で首を吊った状態で。

部屋に鍵はかかっておらず、ペンションの入り口ドアはしっかりと施錠されていた。

グループの面々は玄関のドアが開かないので、他にどこか侵入できる窓がないか探し回った結果、唯一見つけた鍵の掛かっていなかった窓を開けた瞬間、その若者の自殺体を発見したというわけだ。

つまり窓はいつでも開く状態だった。

どうしてそれだけしっかりとリアルタイムに状況を把握できたのかといえば、その若者の遺体の側に撮影用のカメラが置かれていたから。

カメラの中にはその若者が何モノかに遭遇して逃げてきて、部屋の中へ逃げ込み、息を殺して恐怖に震えている様子が音声として残されていた。

あまりの恐怖のためか、カメラが映し出していたのは全く関係のない壁や床ばかりだったが、それでもその音声からは演技でそんな撮影をしたとは思えないリアルさが窺えた。

しかも、その若者は自殺体として発見されているのだから。

それだけの映像と音声が残されているにも拘らず、どうしてその自殺が不可解で怖かったのかと聞けば、検死の結果、自殺した若者は明らかに心臓が停止した後で自分の首をロープに通して首を吊ったとしか説明がつかなかったから。

つまり、死因は窒息死ではなく急性心筋梗塞であったというのが検死結果なのだという。

若者の遺体には、足部を中心にして得体の知れない手形が無数に残されていた。

それは明らかに若者が亡くなった後に、何者かが若者の首をロープに通し、ぶら下がるようにして足にしがみついたとしか考えられないのだという。

確かに奇妙すぎる案件ではあるが、それでもその若者が自殺目的でそのペンションに侵入し、自作自演で怖さを演出した後で自ら首を吊ったとは考えられないものですかね？

と俺は彼に尋ねた。

すると彼は大きく首を横に振ってからこう答えた。

確かにそれだけなら、そんな結論も導き出せるかもしれませんけどね。

その若者が首を吊っていた部屋の床に、穴が空いていたんです。

人がすっぽり入ってしまうような大きさの丸い穴が。

その穴はあまりにも深くて、重機でも使わないと絶対に掘削できない深さだったんです。

それに彼の死因は明らかに急性心筋梗塞です。

つまり死んでから首を吊ったということになるんです。

だがしかし……死んだ人間が首を吊れますか？

それに若者の足に付いていた手形からは別の人間の腐った体液が検出されています。

あと……何度も見直して分かったことなんですが、映像の最後に、得体の知れないモノが確かに写っているのです。


最後、彼は吐き捨てるとそう言うと、目の前に置かれた水割りを一気に飲み干した。

輪島の民宿で

娘が中学生の頃、家族で輪島の民宿に泊まったことがあった。

娘が生まれてから家族の思い出作りのために色んな場所へ旅行に出かけては、できるだけキレイで食事が豪華なホテルや旅館ばかりを選んで泊まっていた。

それでも温泉に入り食事をして眠るという流れは同じであり、いつしかそんな豪華な旅行にも飽きていたのかもしれない。

ある時旅行の計画を練っていた時、妻からこんな提案があった。

たまにはお金をかけずに近場の民宿に泊まるのも良いんじゃない？

そういうのもあの娘にとっては良い社会勉強になるかもしれないし……と。

小さな虫にも大騒ぎしたり泣いたりしていた娘が本当に民宿に泊まれるのか？ という不安もあったが、確かに一度民宿に泊まってみるのも娘にとっては貴重な経験になるかもしれないと思い、できるだけこぢんまりした輪島の民宿を予約した。

七尾や加賀方面にも評判の良い民宿が沢山あるのは俺も知っていた。

しかし俺は以前、大学時代の友人とバイクで能登ツーリングを行った際、輪島の民宿に泊まった経験があり、その時の食事の美味しさがずっと記憶に残っていた。宿代も安かったし、ホームステイでもするかのようなこぢんまりとした建物がとてもツボにはまり、快適に感じられたのもいい思い出になっている。

その時のことを思い出して、真っ先に俺は輪島の民宿を選んだのだ。

当時泊まった民宿は既に廃業しているようだったが、似たような感じの格安民宿は輪島ならすぐに見つけられた。

旅行当日は一日かけて奥能登を回り、沢山の観光地に立ち寄った最後にその民宿へ到着する形をとった。

正直なところ、昼間から輪島に入っても何もすることがないのは分かっていたし、何より一日遊びまわって疲れた状態ならば、娘も料理や部屋にも文句を言う元気もなくなるだろうという計算もあった。

そんなわけで目一杯観光し、予定よりも輪島に入るのが遅れたが、予約しておいた民宿はすぐに見つけられた。

娘はと言えば、生まれて初めて泊まることになったお世辞にもきれいとは言えない民宿を見てしばらく呆然と立ち尽くしていた。

しかし、文句を言っていたのは最初だけ、その日泊まる部屋に入ると、窓のすぐ下に海が広がっているロケーションにすぐに機嫌を直してくれた。

民宿なので、当然大浴場など備わっているはずもなく、あるのは我が家の浴槽よりも小さいくらいの小さな家族風呂だった。

しかも温泉ではなく、ごく普通の沸かし湯。

誰かが浴場を利用している時には「使用中」の札がかけられる仕組みだったが、タイミング悪く何度行っても「使用中」の札がかけられたまま。

小さな浴場に勝手に乱入するわけにもいかず、結局風呂には一度も入ることはできなかった。

ただ予想通り、食事はとても素晴らしいものだった。

一人一泊五千円にも満たない金額からは想像もできないほど、豪華な海鮮料理がテーブルを埋め尽くしてくれた。

食べきれないほどの海鮮料理で味も絶品。

まさに食事だけでも十分元が取れたと思えた。

しかし、結論から言えばその民宿での宿泊はお世辞にも快適と言えるものではなかった。

一度も風呂に入れなかったのもその理由だったが、どうやら我が家の他にもう一組別の家族が泊まっていたらしく、その行動があまりにも奇妙なものだった。

どうしてそれが分かったのかと言えば、俺達の部屋の世話をしてくれていた仲居さんから「今夜はお客さん達の他にもう一組ご家族が泊まられています」と聞かされていたから。そしてその言葉通り、俺達が指定された食事場所に行くと既に他の家族が隣のテーブルに座っていた。

両親と小さな男の子と女の子という構成の家族だったが、彼らは食事の間、ずっと箸を置いたまま、夕飯を食べている俺達のほうをじっと見続けていた。

まるでマネキンのような無表情さで、四人全員がこちらに顔を向けて露骨に視線を注いでいた。彼らの前には俺達家族が食べている料理とは全く違う、やけに質素な料理がテーブルに並んでいたのも気になった。

なぜ、同じ日に泊まっているのに食事メニューが違うんだろうか？

それにあの家族はどうして何も食べないまま此方を凝視し続けているんだろうか？

そんな疑問が頭の中を駆け廻り、とても落ち着いて食事ができる気分ではなかった。

そんな状態だったから俺達はせっかくのご馳走をゆっくり味わうことはできず、忙しなく掻き込むという感じで夕飯を終えた。

そして、その家族が食事をしている間なら風呂が空いているはずだと思い、急いで浴場へ行ったのだがなぜか風呂場には「使用中」の札がかけられたままになっていた。

どういうことだ？　と思い、一度浴場の引き戸を少し開けて中の様子を窺ったのだが、確かにその時にも何人かが風呂に入っているような音がはっきりと聞こえた。

がっかりして部屋に帰ると、担当の仲居さんが既に部屋の中にいて、

「あちらのご家族は遠くからいらっしゃっているみたいなので……」

と、申し訳なさそうに説明してくれたが、それでも納得できる気分にはなれなかった。

いや、それ以上にその仲居さんがなぜそんなことを言うのかが理解できなかった。

我が家の誰も風呂に入れていないことを知っているのか？

そもそも遠くから来てるなんて俺達には関係ないだろうが？

そんな気持ちだった。

しかし、不可思議なことが起こったのはそれだけではなかった。

夜には俺達が寝ている部屋の外からひそひそと話す声がずっと聞こえていた。

「またあの家族か？」

そう思ったがなぜか文句を言いに行く気にはなれなかった。

いや、その時すでに、あの家族には近づいてはいけないという妙な確信が俺にはあったのだ。

それは夕飯を食べている時に感じたあの家族から伝わってくる違和感から来るものだっ

たが、俺はその時心のどこかであの家族がもしかしたら生きている人間ではないのかもしれないと薄々感じていたのかもしれない。

　そうして翌朝になり、食事の前に一度くらいは風呂に浸かりたいと思い浴場へ行くが、またしても浴場には「使用中」の札がかけられたままで中から楽しそうな人の声も聞こえていた。

　寝不足と同時に風呂に入れないというジレンマを抱えつつ仕方なく朝食の場所に行くと、隣のテーブルにはもう食事は並べられていなかった。

　食事を運んできた女将さんに、

「昨日泊まっていた家族はもう帰られたんですか？」

　と聞いたが女将さんは不思議そうな顔で、

「昨日からご宿泊されているのはあなた方だけですよ？」

　と返された。

「いや、でも俺達の部屋を担当していた仲居さんが昨日はもう一家族泊まってるって言ってましたけど？」

　と返すと女将さんはさらに不思議そうな顔をして、苦笑した。

「いやですね、お客さん。うちみたいな小さな民宿では仲居なんか雇ってませんよ……」

それを聞いて俺達家族は顔面蒼白となり、朝食をさっさと済ませると逃げるようにその民宿を後にした。

帰りの車の中では思い出しては怖がっている妻とは対照的に、娘がなぜか楽しそうにしていたのが唯一の救いだった。

ただ我が家にとっては、確かに不気味な出来事ではあったが、不思議と怖さは感じない懐かしい思い出になっている。

祖母

これは父方の祖母に関する話になる。

実は俺にとって祖母の存在そのものが忌まわしい記憶と繋がっており、実際に起こった怪異もかなり危険なものであったためにこれまでは文字として書き残そうとは考えてもいなかった。

しかし、この「闇塗怪談」シリーズも最終巻を迎え、これが最後の著作になるかもしれないので、悔いが残らないように全ての怪異を伝えたいという気持ちに変わった。

同時に祖母に対する恐れに終止符を打ちたいという思いもあり、それがこの話を書き残しておこうと思った理由になる。


祖母が亡くなったのは俺が高校二年の頃だった。

幼少の頃は両親が共働きだったこともあり、何かと祖母に面倒を看てもらっていた。

まあ祖母が作る食事はインスタントばかりでとても手料理と呼べるものではなかったし、洗濯や掃除をしているのを見た記憶もないのだが、それでも俺や兄が幼い頃から家に帰ればいつも祖母がテレビを観ていたから、共働きだった父や母にしてみれば、保育園や小学校から帰っても誰もいない家で夜まで留守番をさせるよりかは安心できたのかもしれない。

そして、その頃から幼い俺なりに祖母に対して感じていたことがあった。

それは、祖母は普通の人とは違うのではないか？　ということだった。

いつも暗い部屋の中で寝ながらテレビを観てばかりいるかと思えば、着の身着のままでふらっと外へ出て行き、夕方遅くまで帰ってこない。

それでもなぜかいつも両親が帰ってくる前にはしっかりと戻ってきていた祖母に、「どこに行ってたの？」と聞くと、いつも「おじいちゃんに会ってきたんだよ」とか「山に行ってオバケと会ってきた」とわけの分からない返事を返してきた。

だが、祖父は戦死でとうの昔に鬼籍に入っていたし、そもそも歩いて山に行けるほど山間部に住んでいたわけでもなかった。

それでも俺が不思議そうな顔をしていると、祖母は嬉しそうに祖父と話した内容を話して聞かせてきたし、山に行ってオバケにもらったという変な形の石をくれたこともあった。

夜中にトイレに起きると、祖母が誰かと話している声が聞こえてきたこともあったし、真夜中に玄関に座ってずっとお辞儀し続けているのを見たこともあった。

そして祖母がたまに話してくれる怪異や不思議な体験談は、いつもリアルで本当に怖かった。

そんな体験談以外にも、俺達が通っている小学校には無数の幽霊が彷徨《さまよ》っているとか、道路の向こうの川で昨日河童を見たという話もよく聞かされ、その度に俺や兄は一人でトイレに行けなくなってしまった。

それらの話が本当なのかは分からないが、確かに祖母には普通では視えない何かが視えていたのは本当だったようであり、時折何もない空間を見つめながらぼそぼそと話しているのを見たのも一度や二度ではなかった。

いつも俺達を怖がらせてばかりいた祖母に、俺は何度か文句を言ったことがある。

「そんな嘘ばかりついていたら誰からも相手にされなくなるぞ！」と。

すると祖母は決まってこう返してきた。

「断じて嘘じゃないよ！　でも、もう勘弁してやろうかね！」と。

つまりその頃の祖母は俺にとっては畏怖の存在であり、嫌いというほどではなかったが、母方の祖母と比べればお世辞にも好きという存在ではなかったという感じだった。

それが大きく変わったのは、俺が父親の転勤で名古屋で過ごした小学生時代の三年間だった。

母がずっと祖母から虐められていたという事実を知ってしまったのだ。

俺も兄も母が祖母に虐めを受けている場面など一度も見たことはなかった。

それでも、実の息子であるはずの父が祖母のことを敬遠していたのは、子供心にも分かっていたし妙だと感じていた。

つまり母は祖母から酷い虐めを受け続け、それを知っていた父は祖母のことを異様に嫌っていたということだった。名古屋での生活が決まった時も、祖母は一緒に行くと言ったが、父がそれを許さなかったくらいだ。

そして、俺と兄はと言うと、これからは自分達が祖母から母を護るんだという使命感に燃えていた。

名古屋での三年間が終わり金沢に戻ると、また以前の家で祖母との同居が待っていたが、事実を知ってしまった俺は、当然のごとく以前のようには祖母と接する気にはなれなかった。特に嫌がらせをしたとか虐めたということもないが、常に母と祖母が二人きりにならないように気を配り、それ以外の時には極力祖母を無視するようになった。

それは祖母に対する恨みにも似た気持ちもあったが、それ以上に祖母と話せばつい勢いで本当に残酷な言葉を吐いてしまうことを恐れていたからでもある。

そんな気持ちが祖母にも伝わっていたのかは分からない。

ただ祖母からはことあるごとに、

「死んだらあんたの所に出てきてやるからね……」

と、恨み言を言われていたのは事実だ。

だがその頃にはもう、祖母に対する畏怖の念よりも母を護ろうという使命感のほうが圧倒的に大きかったこともあり、何も怖いものはなかった。

それからしばらくして祖母は介護医療施設に入った。

理由はよく分からないが、親戚中で祖母の世話を誰がするかという話し合いが行われたものの、結局は誰も手を上げることもなく、体に悪い部分があったこともあり祖母の意思とは関係なく、半ば強制的に医療介護施設への入所が決まってしまった。

それから祖母の介護施設での生活が始まったが、毎週律義にお見舞いに行くのは俺の両親くらいのもので、他の親戚達は一切顔を出さなかったらしい。

そして、お見舞いに行く度にその施設の職員からかなりの嫌味を言われた。

どうやら施設内でも問題のある人物として認知されてしまっていたようで、その度に両親は何とかそのまま施設に置いてもらえるように頼んでいた。

しかし、それから数年後には我が家でも祖母の見舞いに行く頻度がかなり減っていく。

祖母の我儘で攻撃的な性格に起因しているのだが、どうやら親戚の中でも完全に疫病神的に扱われていた祖母は、俺の両親が愛想を尽かした時点で完全に親戚からも孤立してしまったらしい。

それからのことはよく分からない。

きっと誰も見舞いに訪れない状態のまま十年ほど続いた後、そのまま施設内で誰にも看取られず死んでいったようだ。

俺から見ても、お世辞にも幸せな人生だったとは思えなかった。

何しろ、祖母が亡くなったことを知っても泣く者など一人もおらず、逆にほっと安堵の表情を浮かべる親戚ばかりだったのをよく覚えている。

祖母の性格を考えれば親戚のことを恨みながら死んでいったのは容易に想像できた。

親戚の中には、祖母が亡くなってから恨みの念を恐れ「もっと親切にしておけばよかった」と口にする者もいたが、俺にはそんなことはどうでも良かった。

正直なところ、「化けて出るなら出てみろ！」という気持ちしかなかった。

そして、本当に怪異が起こり始めたのは祖母の通夜が行われた夜からだった。

いつもお世話になっている尼寺で通夜と葬儀が行われたのだが、通夜の合間にご住職が
「さっき外にあるトイレのそばで亡くなられたおばあちゃんを見ましたよ……。もの凄く怖い顔をしてたけど、やっぱりまだ未練があるのかねぇ……」

そんな言葉を口にした。

その言葉が気になったのか、親戚の何人かが外のトイレに確認しに行った。

そして戻ってくるなり
「本当にばあちゃん、立っとったぞ……」

「なんか凄く恨めしそうな顔で本堂のほうを見てた」

「もう死んでるんだからさっさと成仏すれば良いのに……」

そんな言葉を喚き散らしていた。

俺も兄もその言葉聞いてすぐにその場から立ち上がり外のトイレを見に行こうとしたのだが、父から厳しく制止された。

「あの人にはこれ以上関わらないほうがいい！」と。

しかし、それから通夜の会場では蝋燭の火が突然大きくなったり目の前に棚から物が何度も落ちるなどの怪異が続いた。

そして、通夜だけでなく葬儀の際にも怪異が収まることはなく、弔問客の中にも、

「亡くなってるはずのおばあちゃんを見てしまった……」

と大騒ぎしている者も多かったし、読経の最中、本堂の壁がドンドンと叩かれたり照明が切れたり、遺体の入れられた棺桶がガタガタと音を立てて揺れるなどの怪異が立て続けに起こった。

そして、斎場へ向かい火葬の段になると今度は火葬する装置が何度も緊急停止し、その度に窯の中から人の声とは思えない呻き声が聞こえてきた。

普通ならばその時点で窯の中を確認するらしいのだが、その場にいた住職の判断で、

「あのばあちゃんなら肉体を伴って蘇ってくる気がする！」

「早く燃やしてしまわないと危険だ！」

ということになり、そのまま窯は開けられず、通常よりも倍の時間をかけて何とか火葬を終えることができた。

親戚の顔からはひどい疲労感とようやく終わったという安堵感が入り混じった複雑な思いが感じられたのを俺は今でも鮮明に覚えている。

火葬が終われば確かに肉体を伴って蘇ることはできなくなったのだろう。

しかし、怪異はそれだけでは終わらなかった。

その頃には俺の家族は以前の家とは違う別の新居に住んでいたのだが、葬式から帰った兄が呆れてしまうほど祖母のことを怖がっていることが分かった。

「きっとあいつはここにもやってくる……。あいつは俺を恨んでいるはずだから……」と。

それを聞いて俺は、

「あいつが恨んでいるとしたら兄貴じゃなくて俺のほうだよ。それに、あいつはこの家の

場所を知らないんだから大丈夫だよ」

そう返して元気付けようとしたが、どうやら兄は本気で祖母の幽霊を恐れているらしく、何の気休めにもならなかった。

そこで俺は立て続けにこう言った。

「今夜は俺が徹夜で起きててやるから大丈夫だよ」

「それにあいつが化けて出てきたら俺が叩きのめしてやるから！」と。

そんな根拠のないハッタリでも少しは兄を勇気づけられたのか、やっと少しホッとした顔になった。

「本当に朝まで起きててくれるんだよな？」

兄は何度も俺に念を押してから眠りに就いた。

翌日も忌引き休暇を取っていた俺はそもそも寝る気などなかった。

別に祖母の幽霊が怖かったわけではなかったし、そもそも祖母が幽霊になって現れるなどとはこれっぽっちも思っていなかった。

翌日は仕事を休めるのだから朝まで寝ずに好きなことをしよう。

単にそう思っていただけだ。

俺はヘッドフォンをかけたままサイレントモードでギターの練習に没頭していた。

いつもなら夜にギターを弾くと「うるせぇよ！」と兄に激怒されるのだが、その日の夜は俺が弾くギターの漏れ聞こえてくる音が、俺がちゃんと起きているという証明になってくれるのだから文句を言われる心配もなく、好都合だった。

ふと時計を見ると、時刻はすでに午前一時を回っていたと思う。

何か冷たいものでも冷蔵庫にないかな？

そう思った俺はかけていたヘッドフォンを外そうとした。

その時、突然ドアがノックされる音がした。

ギターの音がうるさかったか？

と思った俺はその場で
「ごめん……うるさかった？」

と声をかけたが、ドアの向こうからは何の反応もない。

「兄貴だろ？　……何か用？」

そう立て続けに聞くが、やはり何の反応もなかった。

俺は急いで立ち上がると、ドアに近づき一気に扉を押し開けた。

「何？」

やはり返事はなかった。

いや、それ以前にドアの向こうには誰もいなかった。

おいおい……兄貴が脅かそうとしてるんじゃないのか？

そう思い兄の部屋のドアをそぉっと開けてみた。

「えっ？」

俺はその場で固まってしまった。

ベッドで寝ている兄の枕元に立つように、小さな人影が俺の視界に入った。

俺は何も言えず、ただその様子を呆然と眺めていることしかできなかった。

すると次の瞬間、それはゆっくりとこちらへと体の向きを変えた。

最初はそれが何なのか、全く理解できなかった。

しかし、丸まった背中と低い身長。

こちらを向いたその顔は間違いなく祖母の顔だった。

その顔は恨めしいとか怒っているという感じではなく、はっきりと笑っていたと断言できる。

本当に来たっていうのかよ……。

そう思い、そのままドアを閉めようとして視線を外すと、もうそこに祖母の姿はなかった。

消えてくれたのか？

そう思った瞬間、背後のドアが開く音が聞こえた。

ハッとして振り返ると、俺の部屋の中に入っていく祖母の姿が見えた。

俺の部屋はしっかりと明かりが点いていた。

暗闇の幽霊なら怖いかもしれないが、明るい部屋の中ならば怖くない……。

だから勇気が持てたのかもしれない。

俺はそのまま自分の部屋へと近づき、一気にドアを開けた。

ゆっくり開けて、もしもそこに祖母がいたら……。

そう思うと勢いに任せて開けるしかなかったのだ。

しかし、俺の部屋の中に祖母の姿はなかった。

俺は自分の部屋の中で呆然と立ち尽くしていたが、次の瞬間、少しだけ開いたままになっていたドアがゆっくりと開いていくのをはっきりと見てしまう。

そのまま自分の部屋の中にいることはできなかった。

祖母はすべての部屋を回り何かを探しているのかもしれないと不安になったからだ。

そして、探しているのだとしたら母ということになる。

だとしたら母を護らなければ……。

俺は安っぽい使命感を糧にして、何とか自分の部屋から廊下へと出ると両親が眠っている一階へと下りていこうとした。

そして、ちょうど九十度に曲がっている踊り場のところで俺は再び固まった。

そこには階段の下で首を奇妙な角度に曲げたままこちらを見ている祖母の姿があった。

それ以上祖母に近づく勇気はなかったが、俺はその場で咄嗟にこんな言葉を叫んだ。

「そんなことばかりしているから誰にも相手にされねぇんだろうが！」と。

それを聞いた祖母の顔が一瞬酷く歪んだように見えた。

そして固まって動けない俺の目の前で祖母はまたしてもゆっくりと消えてしまった。

そのまま廊下の明かりを全て点けたままにして俺は朝を迎えた。

朝になって起きてきた家族には何も言わなかった。

必要以上に怖がらせる必要はないと強く思ったから。

しかし、どうやらその夜、祖母の姿を見ていたのは俺だけではなかったようだ。

兄が俺に目配せをするように二階へと連れて行くと、

「昨夜、ばあちゃん来たよな？　お前もちゃんと見てたよな？」

と言ってきた。

どうやら兄は真夜中に目を覚まし、自分の顔を笑いながら覗き込んでいる祖母の顔を見てしまい、恐怖で動けず布団の中で朝まで震えていたそうだ。

そんなことがあってから俺の家では怪異が続いた。

夜になると誰かが階段を上ったり下りたりする足音が聞こえたり、誰もいない二階から誰かが飛び跳ねるような音が聞こえたり……。

また突然家中の電気が消えることもあったし家族全員が明るい居間の中で突然金縛りにあったりもした。

しかし、それだけならば特に怖がる必要もない。

それから家族の中で事故やケガが相次いだ。

その中でも兄は入院するほどの怪我を負ってしまったが、それでも四十九日を過ぎた頃、怪異はパッタリと起こらなくなった。

これが祖母に関して俺が体験した怪異になるのだが、実はこの話には後日談がある。

先月、お墓参りに行った両親が寺の住職からこんなことを言われたそうだ。

「久しぶりにおばあちゃんの姿を見てしまったわ……」

「まだ業の深そうな顔をしていたから注意しなさい……」と。

そして、俺はこの話を自分の部屋ではなく賑やかな昼間の公園の駐車場に停めた車の中で書いている。

自分の部屋の中で書くのは危険すぎると判断したからに他ならないが、この話を書き始めてから本当に様々な怪異が頻発した。

祖母は物音や声だけでなく、その姿まで俺の前に現した。

祖母の姿は明らかに以前視た時よりも邪悪で醜く変貌しており、もう祖母とは呼びたくもない。

怖くないと言えば嘘になるが、俺としてはある意味意地になってしまっている。

絶対にこの話を書き残してやる、と。

祖母が俺を怖がらせようとするのならば俺はその全てを書いてやる！

そうすれば少しは危険度が少なくなる。

祖母は絶対にまだ俺の近くにいる。

俺はまだ祖母の口から、

「もう勘弁してやろうかね！」

という言葉を聞いていないのだから。

未開通

これは俺のバイク仲間だった中村さんが体験した話になる。

俺が大型バイクから小型のオフロードバイクに乗り換え、ツーリングに参加しなくなったのを機に彼とは一緒に走ることもなくなってしまった。

ただ彼とは年齢も近く気も合っていたせいか、逆によく電話がかかってきて、最近は喫茶店で色々な話をすることが多くなった。

そんな話の合間に、
そういえばお前怪談を収集してるって言ってたよな？

と前置きしてから話してくれたのがこれから書く話になる。


その頃の彼は仕事がかなり忙しく、休みの日にツーリングに出かける元気も残っていない状況だった。それでもバイクに乗りたいという欲求を満たすために、最近では専《もっぱ》ら仕事が終わり帰宅してから一人でふらりと走りに出かけている。

それでも走りに行けるのは月に数回程度だったが、目的地を決めずに思いついたままに走るのはある意味、新鮮な愉しさと刺激があった。

彼が走りに行くのは平日でも午後十一時以降、週末ともなれば午前零時を回ってからになるそうで、そんな時間帯に走っていると時々不思議な体験をすることがあるそうだ。

不思議な人の列を目撃したり、微動だにせず道路脇に立っている男性を視てしまったりと、怪異とは断定できないが昼間では決してお目にかかれない何かに出会ってしまう。

そんな中でもこれから書いていく話に関しては明らかに怪異と呼べるものである。


その夜、仕事から帰った彼はいつもより少し早く帰宅できたこともあり、すぐに着替えてバイクで走りに行くことにした。

ガレージに行き、停めてあったバイクを押してできるだけ家から離れる。

近所迷惑にならないようにという彼の気配りなのだが、彼のバイクはかなりの重さがあるのでそれだけでも汗をかいてしまう。

そうして大通りまで出ると、ようやくバイクに跨りエンジンを始動させる。

今夜は右へ行こうか左へ行こうかと迷っていると、左から大型バイクが走ってきて彼の目の前を通り過ぎた。

どこに行こうか目的地さえ決まっていなかった彼は、すかさずそのバイクの後ろを付いていくことにした。

右にウインカーを出して走り出し加速していくと、すぐにそのバイクの後ろに追いついた。

といってもあまり近づきすぎるのもアオっているようで気が引けたので、彼はそのバイクから五十メートルほど距離を保って後ろを走っていくようにした。

後ろについて走っていると彼はあることに気付いた。

それは前方を走るバイクが自分と同じ車種のバイクであり、おまけに限定色のツートーン色という部分までが全く同じだということ。

しかも赤信号で後ろに停まった時には乗っている人間の背格好や着ている服装までもが彼と瓜二つだということにも気付いた。

しかし彼はそんな状況を不可思議だとは感じなかった。

へぇ～！　似ている奴もいるもんだな……。

バイクの趣味も服装の趣味もなかなか良いセンスしてるじゃないか！

そう思いながら彼のヘルメットの中の顔は明らかににやけ顔になっていた。

前の奴がヘルメットを脱いで顔まで俺とそっくりだったら面白いのにな。

でも、その場合はドッペル何とかってやつで俺は死ななきゃならなくなるんだっけ？

そんな馬鹿げたことを考えていた。

それから五分くらいそのバイクの後ろを走っていて、彼は不思議な感覚を覚えるようになっていく。

まだ時刻は午後十時を回った頃だというのに、明らかに周りには車が走っていなかった。

いや、十分ほど前に走り出した時には走り難さを感じるほどに沢山の車が道に溢れていた。

しかし、前のバイクの後ろを走り始めてからはどんどんと周りの車の数が減っていき、いつしかその時にはその道を走っているのは彼と前を走るバイクの二台だけになっていた。

それは呑気な彼にとっても明らかに不思議な現象だった。

前のバイクについてどんどん山道に入っていったのならばそれも理解できたが、その時走っていた道は所謂幹線道路であり、深夜でも飲酒検問が行われるほど交通量の多い道だった。

何かがおかしい……。

その時初めて彼は説明のつかない違和感のようなものを覚え始めていた。

そんな時、前を走るバイクが突然T字路を左折した。

予想外の動きに驚いたが、彼も反射的にそのバイクに続くようにT字路を左折した。

すると、見たこともない道が目の前に現れた。

彼もそのT字路の先に新しい道を作っているのは知っていた。

しかし彼の記憶ではその道はまだ完成しておらず、走ることはできないはずだった。

だからこそ、前のバイクがそのT字路を左折した時には一瞬状況判断ができなかった。

もしかしたら、もう道は開通していたのか？

それを知っていたからこそ前のバイクはT字路を左折したのだろう。

彼はそう思い、必死で前を走るバイクについていった。

初めて走る道、しかも夜間なのだから前方を走るバイクの後ろを走っているほうが安全だったし、突然の通行止めなどの危険があったとしても何とか回避できるだろう。

そう思った彼は、前のバイクに置いていかれないように必死でバイクを走らせた。

初めて走るその道はとても広く綺麗で、両サイドで光っている明かりはまるで空港の滑走路を走っている気にさせてくれ、とても気持ちの良いものだった。

そんな素晴らしい新道に走っているのは彼と前を走るバイクの二台だけ。

他には一台の車も走ってはいない。

やっぱりこの道、もう開通してたんだ！

きっとまだ誰もこの道が開通したのを知らないんだろうな！

なんか今夜は前のバイクについてきたお陰で得した気分だな！

そんなことを思いながら彼は上機嫌でバイクを走らせていたが、次第に気持ちが落ち着いてくると不思議なことに気が付いた。

確かにその道を走っている車は一台もいなかった。

しかし、道の両脇には十メートルくらいの間隔で人が立っており、その全員が同じ方向を指さしていた。

確かに不思議すぎる光景ではあったが、道の両脇には隙間なく民家が建ち並んでおり、彼としてはその人達が何かのイベントでもしているのだと思いたかった。

街灯もしっかりと点いており、特に怖い感じはしなかったから。

しかし、どこまで走っても同じような服装をした沢山の人達が皆同じ方向を指さしながら彼のほうを凝視していた。

その様子は上手く説明できないがとにかく気持ちの悪い光景だった。

道の端に立っているのは老若男女関係なく、それでいて全員が赤っぽい浴衣のようなものを着ていた。

そして、それら全員の顔は明らかに無表情だった。

冷静に考えれば、こんな夜更けにそんなイベントなど行われているはずがなかった。

次第に彼は道の両脇に立つ人達が怖くて仕方なくなってきた。

もうこれ以上、こんな道を走っていく勇気はなかった。

今すぐに元のT字路の場所まで戻らなければ！

そう決心した彼はすぐに路肩に停車すると、そのままUターンして走ってきた道を戻った。

するとおかしなことに、先ほどまで立っていた無数の人達の姿がすっかり消えてしまっていた。

彼が停止してからUターンするまで十秒とかかってはいない。

そんな一瞬で……？

あんなに沢山の人達が一斉に消えられるものなのか？

そう思うと頭の中ではどんどん恐怖が増殖していく。

しかも、先ほどまでは道路の両脇に建っていたはずの沢山の家々も全て更地になっており、家も人も消え去っていた。

彼は恐怖に引きつりながらも何とか無事に元のT字路まで戻り、無事に家へと帰ることができた。

そこまで聞いて俺は彼にこう返した。

「あのさ……お前が言ってるのって○○町から○○町へ抜ける道のことだよな？　あれってまだ開通もしてないだろ？」

するとと彼は身を乗り出してこう返してきた。

「そうなんだよ……あの道、まだ開通なんかしてなかったんだ！　昼間に車で確認しに行ったら工事も全然進んでいない状態でさ。

それに、あの道の両脇には家なんか一軒も建っていなかった。

あったのは両脇に点在する墓地だけだった。

俺はいったいどこを走ってたんだろうな？

あの時、道路脇に立っていた沢山の人達はいったい何を指さしていたんだろうな。

それを考えると恐ろしくなっちゃってさ……」

確かに恐ろしい話だが、彼がそのまま前を走るバイクについて最後まで走っていたら、もっと恐ろしいことになっていた気がする。

最後までついていったら、どこへ辿り着いたのか……。

それは俺にも分からないが、ただ一つだけ言えるのは、彼の前を走っていたバイクも沢山の人達や家々も決してこの世のモノではなかった、ということだろうか。

実は、この話を俺に聞かせてくれた彼は半月後、バイクで事故に遭った。命に別状はなかったが、両足を骨折し、もうバイクには乗れないそうだ。

俺自身、未開通のその道路には以前から嫌な空気を確かに感じていた。その土地にはできるだけ近づくべきではないとさえ感じていた。

だから俺は、今からその未開通の道路が開通するのが恐ろしいのだ。もっと沢山の怪異が起こり、死亡事故も沢山起こるような気がしてならない。

しかし俺の願いとは裏腹に、その道路も半年後には全線開通予定だそうだ。

この世の中には人間が立ち入ってはいけない場所が確実に存在する。

そういう場所に人為的に造られた道路やトンネルで事故が多発していることも紛れもない事実なのだ。

どれだけ大規模な地鎮祭や祈祷を行おうと、古くからその土地に刻み込まれた曰くは抑えられるはずもないのだから。

敦賀峠

これは俺自身が三年ほど前に体験した話になる。

その日は久しぶりに大学時代の友人達と会うために神戸に行き、翌日には別の用事があった俺はその日のうちに金沢へと帰路に就いていた。

夕方早めに神戸を出た俺は第二神明道路、名神高速と渋滞に巻き込まれてしまい、北陸自動車道に入った頃には晩秋ということもあってか既に辺りは完全に闇に包まれていた。

だがそれもある意味想定済みだった。

北陸自動車道は夜になると一気に通行量が減る。

走っているうちに雨まで降り始めたが二車線ある高速道路は他に走っている車も少なかったので、あとはのんびりとマイペースで走り続けるだけで良かった。

唯一照明が少なく道路が暗いのが難点ではあったが、それでも他に車がいなければずっとハイビームで走り続ければ良いだけ。

そんな感じで、俺は順調に車を走らせていた。

そしていよいよ滋賀県と福井県の県境に差し掛かった時のことだった。

実は北陸自動車道で過去に何度か怪異に遭遇している俺にとって、その辺りが最も緊張する場所であり難所だった。

なにしろ過去には滋賀県と福井県の県境近辺で必ずと言って良いほど怪異に遭遇していたのだから。

滋賀県から福井県に出るには通称「敦賀峠」を越えていくことになるのだが、昔から敦賀峠には怪異の噂が絶えない。

敦賀峠という地名は実際には存在していないのだが、俺や友人達は滋賀県から福井県の敦賀市に出るために超えていく峠道を勝手に「敦賀峠」と呼んでいた。昔から北陸自動車道にしても国道一六一号線にしても幽霊の目撃談が本当に多いのだ。

そういう俺も北陸自動車道だけでなく敦賀市へ抜ける国道一六一号線で実際に身も凍る恐怖を体験している。

その時の俺は大学生で、確か夏休みを利用してバイクで金沢へ向けて走っていた時のことだった。

京都市内や滋賀県内の国道の渋滞を避けるために、俺はわざと深夜に神戸を出発した。

深夜一時を回ると走っているのは大型トラックとタクシーだけ。通常より遥かに少ない交通量の道は確かに暗くはあったが、特に走り難さは感じなかった。

そして、ちょうど午前一時から二時頃に真っ暗な敦賀峠へ差し掛かった俺はあることを思い出しながらできるだけ周りを見ないようにバイクを走らせていた。

敦賀峠には雨が降った夜には母娘の幽霊が出る。

だから雨が降った夜には絶対に敦賀峠は通らないほうが良いぞ！

そんな話を真面目な顔で聞かせてくれたのは俺と同じくバイクに乗っている兄だった。

どうやら兄も敦賀峠で過去にその母娘の幽霊というものに遭遇しているらしかった。

こんな真っ暗な峠道で母娘の幽霊なんかに遭遇したらたまったもんじゃないな。

そんなことを考えながらバイクを走らせていると、急にポツポツと雨が降り出した。

俺のバイクは既に敦賀峠を走っていた。

レインコートを着るほどではなかったし、路面が濡れて滑るというわけでもなかったがそれでもそんな話を思い出しながら真っ暗な峠道を一人きりで走っている俺の心中は穏やかではなかった。

何度か引き返そうかとも思ったが、夜道でバイクを停止させてUターンさせるのも俺には余計に恐ろしい行為だった。

そんなことを考えながら走っていた俺のバイクは、ちょうど鋭角的なカーブに差し掛かった。

否応なくかなり減速してそのカーブを抜けることになった俺の視界に、突然人間が映り込んだ。最もスピードが落ちるカーブの外側に二人の女性が立っているのが見えた。

大人の女性と少女の二人だった。

まさに母娘にしか見えなかったし、何より街灯もない真っ暗な峠道のカーブに人が立っているはずなどなかった。

俺はヘルメットの中で思わず悲鳴をあげていた。

体が硬直し体がガタガタと震えだした。

だが、そんな場所で転倒するのはもっと恐ろしいことだったので、必死にバイクを操りながらできるだけ早くその場から離れようとアクセルを開け続けた。

すると、そのカーブを通り過ぎて百メートルほど走った地点だったと思うのだが、突然バイクのエンジンが停止した。

走っているバイクのエンジンが突然停止するなど初めての経験だった。

俺は惰性で走り続けるバイクの再始動を何度も試みたが再びエンジンが始動することもなく転倒せずに停止するだけで精一杯だった。

それからの恐怖の時間を俺は忘れない。

先ほどカーブの所に立っていた母娘がこちらへ近づいてくるような気がして仕方がな

かった。一瞬バイクを諦めてそのまま走って峠を越えようかとも考えたが、そのほうが余計に恐怖を感じてしまうことに気付き、すぐに自分のバイクに戻り何とか修理しようと必死にバイクをチェックした。

結局は自力でバイクを再始動することはできなかったが、しばらくして偶然通りかかったバイク乗りに助けてもらった。

不思議なことにそのバイク乗りがやってきて念のためにもう一度エンジンを始動させると、バイクは何事もなかったかのように一発でエンジンがかかった。

その時、そのバイク乗りに、「すぐ手前のカーブに母娘が立っていなかったか?」と聞いたが、彼は不思議そうな顔で「こんな夜中にいるはずないじゃないですか」とある意味まともな返事を返してきた。

ただ、その時見た母娘は絶対に見間違いではなかったし、その生気のない顔はとても生きている人間には見えなかった。

それ以来、俺はその時感じた恐怖をずっと払拭できないままでいた。

しかも他の高速道路とは違って北陸自動車道は照明が不自然なほど暗く、走っていても自分の車のライトが照らしている部分しか見えないのだ。

そんな状況でどうしてそれが視えてしまったのかは自分でもよく分からない。

しかし、その時確かに俺は道路のガードレール横に立っている母娘の姿を視てしまった。

あの時見たのは夜の国道であり、その時走っていたのは高速道路。

だから俺が以前視てしまった母娘とは違うようにも感じたが、確かに暗闇の中に立っている二人の姿をはっきりと視てしまった。

時刻はまだ午後九時頃。

そして、今考えると不可思議なほど、その時の北陸自動車道は交通量が少なかった。

北陸自動車道を夜に走っているといつも孤独感を感じるのだが、その時にはあまりの交通量の少なさに、まるでその道を走っているのは俺だけなんじゃないかという錯覚すら覚えてしまうほどだった。

そんな状況ではっきりと視てしまった母娘の姿に俺は当然恐怖した。

そして、またあの時と同じように車のエンジンが突然止まってしまうのではないかという不安感にも襲われた。

ただ、幸いなことに車のエンジンはそれ以後も止まってしまうことはなかった。

しかし、それ以上に恐ろしい現実が俺を奈落へと突き落としていく。

時速百キロ以上で走っている高速道路。

それなのに、前を通り過ぎた母娘が数秒後にはまたガードレールの向こう側からこちらを見ているのだ。

それは何度も同じ場面をループ再生しているかのように視界に現れては消えていった。

俺は自分の頭が変になってしまったのかと考えつつも、その母娘から逃げようと必死に車を走らせ続けた。

それでも現れ続けるその母娘は、突然その姿を消した。

やっと、振りきれた……。

そう思った刹那、突然俺の車の数十メートル前方にあの母娘の姿が現れた。

今度はガードレール脇ではない、道路の真ん中にだ。

俺は急ブレーキを踏もうとして一旦ブレーキペダルに足を乗せた。

だが、俺はすぐにブレーキペダルから足を離した。

百キロ近いスピード、そして濡れた路面……。

その状態で急ブレーキを踏めば下手をすれば単独死亡事故に繋がりかねない。

だからアクセルを一定にしたままその母娘に向かって突っ込んでいく形になった。

人を轢いてしまう時というのはこんな感じなのかもしれないな……。

そう思いながらもそのまま車をまっすぐ走らせていると、やがて俺の車はその母娘をそのまま通り過ぎた。

勿論、何かにぶつかった音もしなければ衝撃もなかった。

ただその母娘の立っている場所を通り過ぎる時、そのままの状態の母娘が俺の車の中を通り過ぎていった感覚があった。

俺はそのまま速度を落として走り続け、最初にあったサービスエリアへと進入しそこで車を停めた。

結局、そのままサービスエリアで夜を明かし、朝になってから再び車を金沢に向けて走らせた。

あのまま走り続けていたらまたあの母娘がやってくるような気がしたのだ。

今でも時折考えることがある。

あの時急ブレーキをかけていたらいったいどうなっていたのだろうか？　と。

北陸自動車道では夜間の単独事故が多い。

それは道の暗さのせいもあるのだろうが、もしかすると俺と同じようにあの母娘に遭遇してしまって……。

国道に出る母娘の幽霊よりも高速道路の母娘のほうがより邪悪なのかもしれない。

今はそう思えて仕方ないのだ。

タイヤハウス

これは俺の仕事関係の男性に起こった怪異になる。

脇田さんはその夜、残業を終えていつもの道を自宅へと車を走らせていた。

時刻は既に午後十一時を回っており、他に走っている車もまばらだった。

だからと言って、彼は決してスピードを出していたわけではなかった。

仕事の疲れもあってか、のんびりと安全運転で車を走らせていた。

だから前方にある歩道橋の上に女性が一人立っているのもしっかりと視認できていた。

こんな時刻に女性が一人きりで？

いったい何やってるんだろ？

そんな疑問が浮かんでいたという。

そしてその時は突然訪れた。

彼の車が歩道橋の手前三十メートルくらいにやってきた時、突然歩道橋の上からその女性が飛び降りた。

しかも飛び降りたのは彼の車が走っている車線。

やばい！

そう思って彼は慌てて急ブレーキを踏んだ。

しかしブレーキを踏んだと同時に彼の両腕には車が何かにぶつかったような衝撃と、その何かをタイヤで巻き込んだような嫌な感触がハンドルから伝わってきた。

それと同時に、トラウマになってしまうほどの嫌な音がタイヤハウスから聞こえたという。

それから二十メートルほど走ってようやく停止した車の中で、彼はガタガタと震えていた。

馬鹿野郎！　……車めがけて飛び降りやがって！

自殺？　……死にたかったのか？

そう考えてから彼は取り返しのつかない人身事故を起こしてしまったことに愕然とした。

人を轢いてしまった……。

たとえ相手が自分の車めがけて飛び降りたのだとしても、人を轢いてしまったことに変わりはなかった。

そして、あの音と衝撃からすると間違いなくあの女性は死んでいるだろう。その事実に疑う余地はなかった。

そう認識すると同時に、体が勝手に震えだしてしまい、彼は何をしたら良いのかすら判断できなくなっていた。

本来ならばすぐに車外に出て状況を把握し、救急車を呼ぶべきなのは分かっていた。

しかし、その時、彼の頭の中に浮かんでいたのは、
自殺して勝手にぶつかって来られても罪になるのか？

罪になるとしたらこれからの人生はどうなってしまうんだろうか？

ということだけだった。

ただ事故の衝撃音は周辺の家々にも聞こえていたのだろう。

気が付けば彼の車を遠目から見つめる人だかりができていた。

そして、その中には彼の車に近づいてきて車の下を覗き込んでいる中年男性もいた。

その時、彼はハッとして慌てて車のドアを開けて外へ出た。

とにかく早く救急車を呼ばなければ！

その時点で初めてそう気付いたという。

すると、車の下を覗き込んでいた男性が彼に声をかけてきた。

「これで三回目だよ……。いったいどうなってるんだろうね？」と。

彼はその男性が言っている言葉の意味が全く理解できなかった。

だから彼はその男性を無視して急いで車の下を覗こうとしたらしいが、そんな彼を制止して男性はこう言ったという。

「車の下を覗いたって何もないよ。あんたは事故なんか起こしちゃいないし、誰も轢いてない。良かったな……本当に人を轢かなくて……」

轢いていない……だって？

状況を呑み込めない彼に、男性は神妙な顔でこう続けた。

「でも、とりあえずすぐに車は売り払ったほうがいい。そして、当分の間は車は運転しないことだ。それと……な、一応、お祓いだけはしっかり受けとけよ……」と。

男性の言葉の意味が分からずただ茫然と立ち尽くしている彼の前で、その男性は周囲から様子を窺っている人達に、

「また、いつものやつだ。事故じゃないわ」

と声をかけると、周囲の家々から出てきていた人達もぞろぞろとその場から離れていった。

彼はその言葉を聞いて固まっていた。

もしも先ほどの男性が言っていることが本当ならば、こんなに嬉しいことはなかった。

しかし、確かに彼は女性を轢いた感触と音をはっきりと体感していた。

だから恐る恐る車の下を覗き込んだ。

そして彼は呆然として、その場で一気に肩の力が抜けていくのが分かった。

車の前方はどこも壊れておらず、車の下に人が轢かれている様子もなかった。当然ながら道路には血の一滴すら落ちてはいなかった。

ただ彼は確かに人にぶつかり巻き込んでしまったような衝撃を感じていたし、巻き込んだ何かがタイヤハウスの中で暴れるような嫌な音も聞いていた。

これはいったいどうなっているんだ？

そう思い、その場でしゃがみ込んでいると走ってきた車に何度もクラクションを鳴らされ、慌てて彼は車を道路脇の空き地に移動した。

しかし、本当に自分は誰も轢いてはいないという確信が持てなかった彼は、その場から立ち去ることもできずもやもやした気持ちのままその場に立ち尽くしていた。

すると、誰かが通報したであろう救急車とパトカーがその場にやってきた。

そして道路脇に停車している彼を見つけて事情を聞いてきた。

そして話を聞き終えると警察官二人がこんなことを言ってきた。

「この歩道橋の上から女性が飛び降りてきて轢いてしまった……。過去に何度もあるんですよ……同じことが。

あなたは誰も轢いてはいませんから安心してお帰り下さい。

あっ、それと一応念のために言っておきますが、今お乗りの車はすぐに廃車にされたほうが良いと思います。

車の運転も一年間くらいはされないほうが良いと思います。警察がこんなことを言うのも変な話ですが、お祓いだけはしっかりと受けたほうが身のためですよ」と。

まさに先ほどの男性が言っていたことと同じ内容だった。

だから彼はこう聞き返した。

「あの、もしかしてこの歩道橋で過去に自殺があったとか、この辺りで死亡事故があったという事実はあるんですか？」

すると、警官は難しい顔をしながら首を横に振った。

「いいえ、何もありません……」という言葉と共に。

彼としては何かスッキリしない気分だったが、警察からも事故ではないと言われ、その夜はそのまま自宅に帰ることにした。

モヤモヤした気分はなかなか抜けなかったが、それでも風呂に入り、ビールを飲んでいるうちに少しずつ気にならなくなった。

今夜は運が悪かっただけ……。

事故を起こしていないんだから何も気にする必要はないな、と。

実際、それから彼の身に、特に何かが起こるということもなかった。

だから彼は次第にその夜の出来事そのものを忘れていったそうだ。

ただ忘れるのは車を売り払い、しっかりとお祓いを受けてからでなければいけなかった。

しっかりと言われた通りに対策をしたうえで、事故を起こしてしまったという事実だけを忘れてしまえば良かったのだが……。

そう、彼は現場にいた男性や警官からの助言をすっかり忘れてしまっていた。

車を売り払うこともしなかったし、お祓いを受けることもしなかったのだ。

そうして次第に彼の周りには怪異が起こり始める。

車を運転しているとなぜかダッシュボートの中から人の声が聞こえてきた。

聞こえてくるのはいつも若い女性の声であり、注意して聞いているとどうやらその声は
痛い……痛いよ……。

と唸っているように聞こえたという。

その時点であの夜の記憶が蘇ってしまい、さすがに気持ち悪くなった彼は、一度車を整備工場で点検してもらったらしいのだが、やはりどこにも異常は見つからなかったそうだ。

点検から戻ってきてからは、車から変な女の声が聞こえることはなくなったが、ある日、

彼が車を洗車していると、左前方のタイヤハウスの中からこちらを睨む女の顔を見つけて腰が抜けてしまった。

大声を上げた彼の元に家族がやってきて、ガタガタと震えながら指差した場所を確認したが、左前方のタイヤハウスの中に女がいるはずがなかった。

家族には見えない何かを視てしまった……。

彼は自分があの夜の出来事から気付かないうちにストレスを受けてしまい、軽いノイローゼにでもなってしまっているのではないか？　と思い始めた。

そしてしばらくは車を運転しないように生活していたのだが、ある日横断歩道で信号待ちをしていた際、停車したトラックの左前方のタイヤハウスの中に、あの時と同じ女性の顔がこちらを睨みつけているのを視てしまった。

恐怖で体は震えだし、一瞬どうしようかと迷ったが、その女性は必死に彼に助けを求めているように見えたらしく、彼は慌てて車外に出るとトラックに駆け寄りタイヤハウスの中に挟まっているであろう女性を助けようとした。

その女性を助けてあげれば、自分は許してもらえるかもしれないと思ったのだという。

すると、その瞬間、青信号になったトラックが発進した。

トラックの運転手から彼の姿は全く見えていなかったようで、そのまま普通に発進したトラックの左前方に巻き込まれるようにして彼は轢かれてしまった。

一時は危篤状態になった彼だったが、その後奇跡的に回復し、何度も手術を受け苦しいリハビリの末に、何とか彼は退院することができたが、それまでには三年半もの期間を要した。

しかし、彼は普通に一人で生活することすら困難な状態であり、以前の会社に復職することは叶わなかった。

そんな彼にはずっと気になっていたことがあった。

それはあの夜、彼の車の目の前に落ちてきた女のことだった。

本当にあの場所で自殺も事故も起きてはいないのか？　と。

だから彼は興信所に頼んでそれを調べてもらうことにした。

彼にしてみれば全てはあの夜の出来事から始まっており、その部分をはっきりさせなければこのまま生き続けることも困難なように思えたのだという。

調査の結果、その場所ではやはり事故も自殺も起きてはいなかった。

しかし、その場所から五キロほど離れた場所では、歩道橋から飛び降りた三十代の女性会社員を帰宅途中の男性会社員が轢いてしまったという事故が発生しており、警察によれば歩道橋から飛び降りた女性は事故死ではなく自殺として処理されており、ドライバーには何のお咎めもなかったようだった。

そして、あの場所で過去に彼と同じような現象に遭遇していた三人の男性は、その後全員が自殺していることも判明した。

どうして五キロも離れた場所で起きた自殺と事故の因果があの場所で怪異として現れるのか、彼には全く理解できなかった。

しかし、説明がつかない以上は対処のしようがない。

既に車は売り払っており、運転自体もできない体になっていたこともあってか、彼はそのままそのことを忘れてしまうことにした。

お祓いを受けることもなく……。

結局、彼はそれから一年ほど後に自ら命を絶った。

飛び降り自殺した彼がどうやって一人で高いマンションへ行き、厳重に施錠されていた屋上に上り、そこから飛び降りたのかは謎としか言えないが、それから暫くして彼が以前乗っていた車から大量の髪の毛がタイヤハウス内に貼りついているのが発見されたそうだ。

その怪異が何だったのかはもう調べようがないが、逆に言えばそれ以上調べてはいけない案件のようだ。

今はただ彼のご冥福をお祈りしたい。

私の場所

最近は郊外型の店舗がどんどん増えているように感じる。

飲食店やコンビニは勿論、大型商業施設やドラッグストアの店舗が多く建ち並んでおり、全ての面で便利で不自由のない土地になっている。

だから以前その場所が何もなく誰も近づかないようなただの森や林だったことを想像するのは難しいかもしれない。

石川県に関して言えばその店舗数の増え方は異常とも思えるほどで、大都市圏ならともかくとして金沢などの地方都市の人口を考えれば明らかな供給過多と言えるのではないだろうか。

もっとも郊外となれば土地代も安いだろうし大きな駐車場を確保したうえで大型の店舗を建てられるというメリットも確かにあるのだろう。

そして、これから書いていくのは俺の得意先の社員である田代さんから聞いた話になる。

彼女は二十代で結婚し、三十代の現在では一人娘も生まれ親子三人で仲良く暮らしている。

現在でも仕事を続けており、主婦業と仕事の両立を上手くこなしている働き者の女性だ。

そんな彼女は五年ほど前に、それまで住んでいた借家から新築一戸建ての家に移り住んだ。

郊外に建てた家は土地代がかなり安く抑えられたこともあり、建物を含めたトータル金額でもそれほど苦しいローンを組まずに済んだそうだ。

ただやはり土地が安いというのはそれだけ不便な土地ということになる。

山間というわけではなかったが、周りには何もなく、近くに民家すらなかった。

普通ならばかなり暮らし難い土地だったはずだ。

勿論、それも全て承知の上でその土地に家を建てたのは夫も彼女もそれぞれ車を所有しており移動には苦労しなかったことと、静かな環境で暮らしたいという希望を最優先させたかったからのようなのだが。

しかしその土地に移り住んでからしばらくして状況は変わり始めた。

最初に片側四車線の大きな道ができた。

そして、それまでは本当に何もなかった土地にあれよあれよという間にコンビニや飲食店、ホームセンターなどが建ち始めた。

最初は大きな道路脇に数軒の店がポツポツと建っているだけだったが、どんどんと開いていたスペースが埋まっていき、道路脇には様々な店舗が所狭しと建ち並んでいった。

確かに以前からその土地に大型のショッピングモールが出店するという噂を聞いたことはあったが、その噂は何度も浮かんでは消えていくという感じだったらしく、彼女の家族も実現するとは全く思っていなかったようだ。

しかし、現在彼女が暮らしている家の周りには大きな道路が通っており、その道に沿うようにして様々な店舗が建ち並んでいる。

辺鄙な土地は本当に短期間のうちに快適に暮らせる土地へと変貌した。

ただ、静かに暮らせることを最優先に考えていた彼女にとって、そんな現実は歓迎できるものではなかった。しかし、便利で住みやすい土地になったことで自分達が所有している土地の資産価値は爆上がりし、何より生活の便が良くなるというのは仕事と家事をやり繰りする多忙な主婦にとって何事にも代えがたいものであることも事実だった。

便利な生活に慣れていくうちに、やがて彼女もその現実を快く受け入れた。

しかし、その大型ショッピングモールができたことで利便性や風景だけでなく、その土地が元々持っていた空気感までが大きく変化してしまったようだ。

彼女は歩いて十分程度の距離にあるそのショッピングモールにも、結局は車で買い物に行っている。

仕事が終わり、家に帰る前には必ずそのショッピングモールに寄って食料品や日用品を買って帰る。

それがいつしか生活のルーティンになっていったそうだ。

そのショッピングモールには屋内と屋外に大きな駐車場が完備されている。

だが広大な面積の駐車場も休日や平日の夕方になると買い物客の車で満車になることも多いそうだ。

全く駐車スペースがないということではなく、入り口に近い場所にある駐車スペースがいつも空いていない。

雨の日ならば仕方なく屋内駐車場に停めるのだろうが、誰でも考えることは同じであり、重い買い物荷物を運ばなければいけないことを考えれば、入り口までの距離は近いに越したことはないのだろう。

だから彼女は仕事帰りにそのショッピングモールに来ると車を停めるスペースを探すのが最優先事項になっていた。

そして、毎日買い物をしている彼女だからこそ気付いたことがあった。

それは屋外駐車場の一つのスペースだけが常に空いているということだった。

それは夕方でも昼でも、そして日曜や祝日でも変わらない。

どんなに混雑している時でもその駐車スペースだけは常に空いているのだ。

その駐車スペースには無地のカラーコーンが置かれており、駐車できないようになっていたから最初は誰かの専用スペースなのかと思っていたらしい。ところが何度その場所を通りかかってもその場所に車が停まっているのを見たことは一度もなかった。

特に停め難い場所だったりするわけでもなく、できたばかりのそのショッピングモールで事故や自殺があったという話も聞いたことがなかった。

それならば駐車スペースに困った誰かがカラーコーンを除けてそのスペースに駐車してもおかしくはなかった。

なにしろそこに置かれたカラーコーンには駐車禁止という文字すら書かれていなかった。

それなのに誰もその場所に駐車する者はいなかった。

なんで他の人はこの場所に停めないんだろうか？

もしかしたら何か曰くでもあるのかな？

そうは思ってみたが、その場所から入り口まではほんの少しの距離しかないという最高の駐車スペース。

一度だけなら大丈夫よね。

係員さんに注意されたら二度と停めないようにすれば良いんだから。

そう考えた彼女は自らカラーコーンを除けてそのスペースに駐車した。

少し気味が悪いとは思ったが、それでも忙しい生活サイクルの中で買い物にやってきて車を停める場所が見つからなかった彼女はついそんな考えからその場所に車を停めてしまったのだという。

しかし一度停めてみたが何もおかしなことは起こらなかった。

駐車場の係員に注意されることもなかったし、誰かに指摘されることもなかった。

怪異も起こらず誰からも咎められることもない。

そうなれば彼女がいつもそのスペースに車を停めてしまうようになったことも仕方のないことなのかもしれない。

一度その場所に停めてしまうと、それまで遠慮して停めなかったのが悔やまれるほどだった。

何しろ何時行ってもその場所だけは常に空いていたのだから。

しかし、ある日の夕方いつものように仕事帰りにそのショッピングモールに寄り、いつものようにそのスペースに車を停めようとした時、そのスペースに小さな女の子が立っているのが見えた。

最初は、女の子一人で何しているのかな？　と思いつつ別の駐車スペースを探したようなのだが、やはり夕方には他の駐車スペースは空いておらず、再びその場所に戻ってきた彼女はすかさずその女の子に声をかけた。

「ごめんね、おばちゃん、そこに車を停めたいの。どいてくれる?」と。

しかし、女の子は何も聞こえていないかのようにその場所に立ってじっと地面を見つめていた。

(なんなのよ……この子?)

そう思った彼女は車を降りてそのスペースに置かれているカラーコーンをどかして女の子にこう言った。

「あのね……子供はこんな所で遊んじゃ駄目! 車に轢かれちゃうよ? 早くお母さんの所に行きなさい!」と。

すると女の子は顔を彼女のほうに向けるとこう言った。


お母さんはもういないの……。

それに遊んでるんじゃないの……。

私ね……この下に埋められてるの……。

だからここは私の場所なの……。

そう答えたという。

言い終えると女の子の目が真っ赤に変わり、それから蝋人形が溶けていくようにその場に崩れ落ちて地面に吸い込まれていった。

彼女は絶叫し、その場で泣き崩れた。

それからはできるだけその駐車スペースには近づかないようにしていたらしいのだが、気が付くとすぐ近くにその女の子がいて彼女にこう言うのだそうだ。


おばちゃんも一緒に埋まろうよ……。

地面の下は静かなままだよ……と。


それからもずっと女の子は彼女の前に現れ続けた。

家族や親戚に相談し、御寺に助けを求めた彼女は半年間ほど続くお祓いを受け、ようやくその女の子から解放された。

しかし、彼女はもう二度とそのショッピングモールには行かないそうだ。

「だって、あの駐車場の下にはあの女の子が埋まってるんです……。どういう理由からなのかは分かりませんけど。ただ、考えただけでも恐ろしすぎます……」

彼女は最後にそう話してくれたが、そのことで警察に通報したりショッピングモール側に知らせるつもりはないそうだ。

それは彼女がその土地から引っ越すことが決まったためであり、他の誰かがその女の子に連れて行かれようが関係ないと考えているからだとは思いたくはないのだが。

清めの塩

これまで数えきれないほどの葬儀に参列してきた。

そんな中でも辛くなるのはやはり小さな子供さんを事故や病気で亡くされた葬儀と自殺された方の葬儀である。

どちらの場合も遺族の深すぎる悲しみが痛いほどこちらにも伝わってきてしまい、かける言葉すら見つからない。

思わずボロボロともらい泣きしてしまいそうになるのをぐっと堪えながら参列するのはそれだけで精神的に辛く、こちらまでまいってしまうものだ。

しかし、そういった葬儀に参列する際には別の意味でも慎重に構えるようにしている。

それは過去に俺自身が体験した奇妙な出来事に起因している。

その日、俺は担当している会社関係の通夜に参列するために早めに帰宅した。

タイミング悪く妻と娘は旅行に出かけていたため、突然入った訃報に慌てて準備することになった。

しかも、その頃は葬儀への参列が妙に続いていて、慌ててクリーニングに出していた喪服を引き取りに行き、香典袋を買ってから家に戻った。

通夜まではそれほど時間に余裕はなかった。

スーツを脱いで急いで喪服に着替えると、香典袋にそれなりの金額を入れて必要事項を書き入れて喪服の内ポケットに入れた。

そして、台所にあった塩を小皿に盛って玄関に置いた。

勿論、葬儀から帰って家に入る前の清めの塩として使うために。

用意が調った俺はすぐに車に乗り込んで通夜会場へと急いだ。

それにしても最初から気乗りのしない通夜ではあった。

勿論、気乗りする通夜などあるはずもないが、それでも事前情報として余計なことまで聞いていた俺は暗い気持ちで車を走らせた。

亡くなられたのは担当する会社の社長のご子息だった。

しかも死因は飛び降り自殺。

高校生の息子さんはマンションの八階から飛び降りてアスファルト地面に落下し即死だったと聞かされていた。

確かにそのご子息とは面識はなかったし、どんな人間だったのかも知らなかった。

それでも社長さんを始めとするご遺族のことを考えるとその悲しみは推し量れないほど辛いものに違いなかった。

夕方の渋滞を抜けて通夜の開始時刻の十分ほど前に何とか通夜会場へと到着した。

やはり通夜会場は参列する弔問客で溢れていたが、それと相反するように耳が痛くなるほどに会場全体が異様に静まり返っていた。

まさに独特の暗い空気が会場全体を覆っていた。

ひそひそと会話する者もおらず、誰もが遺族の負の感情に飲み込まれていたのだろう。

俺と同じように。

通夜は一時間半ほどで終わった。

本来ならば仕事の繋がりもある関係上、翌日の本葬にも参列するべきなのだろうが、その時の俺はとてもそんな気持ちにはなれなかった。

きっと俺自身が遺族の悲しみだけではなく、亡くなられたご子息の辛さにも過剰に反応してしまったからかもしれない。

とにかく自殺されたご子息が気の毒で仕方なかった。

ご子息はどんな理由で絶望感に苛まれたのか？

どんな絶望感の中、自ら命を絶ったのか？

もしも死ぬ前に実際に会って話すことができていたら自殺を止められたのではないか？　気が付けばそんなことばかりを考えていた。

そして、自己嫌悪を感じながらも、自殺すれば楽になれるのかな？　と普段であれば絶対に考えないことまで考えていた。

通夜が終わり会場を後にしたが、やはり運転していても考えるのはそんなことばかりだった。

そして、俺はふとあることに気付いた。

それは、このまま帰宅しても夕食は用意されていない、ということだった。

そこで俺は自宅までの帰路にあったスーパーマーケットで、惣菜でも買って帰ることにした。

喪服の上着を脱いで黒いネクタイも外し、仕事用のジャンパーを着て店内へと入った。

店内に入り、惣菜コーナーへ向かって歩いていると他人の視線を感じた。

全員が俺を見ているわけではなかった。

沢山のお客の中のごく一部の人達が、俺を奇妙な目で凝視していた。

俺がそれに気付き、大袈裟に振り向いてもその視線はお構いなしに注がれ続ける。

しかもその顔からは明らかな恐怖すら感じられた。

何なんだ？

こいつら。いったい何を怖がっているんだ？

確かにこの恰好では通夜帰りというのは分かってしまうのだろうが、そこまで露骨に厭な顔をしなくても良さそうなものなのに……。

そんなことを考えながらやがて俺はその視線に耐えきれなくなり、さっさと適当な惣菜を見繕ってレジで支払いを済ませると、急いで車に乗り込んだ。

一秒でも早く喪服を着替えたかった。

熱いシャワーを浴びて嫌な気分を変えたかった。

自宅まで車を走らせていると、妙にハンドルが重く感じられた。

いや、重いというよりもいつもと違って安定しない感じだ。ふらふらとセンターラインに寄ったりガードレールに寄ったりしながら、危なっかしく走っているのが自分でも分かった。

それでも無事に自宅に着き、駐車場に車を停めて玄関に向かうのだが、何やら玄関がいつもより暗く感じられた。

それに玄関の景色が妙にぼやけて見えてしまう。

玄関の明かりは点いていたし、それほど遅い時刻というわけでもなかった。

疲れてるのかな……。

そんなことを思いながら玄関の鍵をポケットから取り出して鍵穴に差し込もうとした時、突然俺の携帯が鳴った。

慌てて携帯を手に取ると、霊能者のAさんからだった。

「はい……どうかした？　今夜は通夜帰りで疲れてるんだけど……」

そう言うと、Aさんは冷たい口調でこう返してきた。

「疲れてるかどうかは知りませんし、どうでも良いんですが……。Kさん、悪い霊に憑かれてますよ？　自殺霊みたいなので危険ですけどどうします？　お疲れのようでしたら止めときますけど？」と。

自殺霊と言われて俺は思わずドキッとした。

慌てて俺は、今しがた自殺した故人の通夜に参列し、ようやく家に戻ってきたのだと説明した。

Aさんは、

「う～ん、まあそんな感じでしょうね……。で、またKさんは自殺した相手に対して必要以上に感情移入してしまった、と？

Kさんは親身になってあげたつもりでしょうけど、それってかなり危険な行為です。

自殺霊はそれを都合よく解釈しますから。
自分を理解してくれる仲間だって……と。
だから、このまま連れて行っても構わないだろう……と。
そのまま玄関に入ってしまったらかなり厄介なことになります。
Kさんだけじゃなくてご家族まで危険な目に遭います。
まあ、これはアドバイスですけど、もう一度その通夜会場に戻ってみたらどうですか？
Kさんの玄関前で祓ったとしてもずっとその場所に居ついてしまうでしょうから。
通夜会場に着いたら私に電話してください。遠隔で何とかしてみますから……」
そう言われ、俺はすぐにまた車に乗り込んで通夜の会場へと車を走らせた。
できるだけスピードを出さず安全運転で。
そして、通夜会場の駐車場に戻り、車を降りたところでAさんへ電話をかけた。
電話は繋がったが、Aさんの声は聞こえなかった。
それでもしばらくすると、フッと肩が軽くなるのを感じた。
すると、そのまま電話は切れて俺は再び車に乗り込むと急いで自宅へと帰る。
心の中でAさんにお礼を言いながら玄関の鍵を開けて中へと入った。
そして、俺はその場で固まってしまった。

出かける時、真っ白だった清めの塩がどす黒い赤色に変色していたのだから。

あの時、Ａさんから電話が来ないまま玄関を開けてしまっていたら……。

そう考えると思わず背筋が冷たくなった。

やはり通夜にしろ葬儀にしろ、生きている人間はそれなりの覚悟で臨まなければいけないのかもしれない。

必要以上に感情移入すると取り返しのつかない事態を招いてしまう……。

それを思い知った出来事になった。

雨の日に

雨の日にはいつも思い出してしまう話がある。

それは俺が毎週末に飲みに行く片町での話。

実は俺には雨の日にはできるだけ通らないようにしている道がある。

それは大通りに面した歩道であり、片町でも最も人通りが多い場所の一つである。

だから夜の片町を飲み歩いている人達がひっきりなしに通っている。

幾つかの店を飲み歩く俺にとってもその道を通れば楽に移動できるのは間違いない。

しかし、やはり俺には無理なのだ。

その理由はと言えば、確実に女の霊を視てしまうということだ。

その道の全ての場所が怖いのではない。

その道の中でも最も人通りの多い、一つの地点だけがどうしても通れないのだ。

その場所に女の霊が立っていることに気づいたのは一年ほど前。

そもそも俺はこれまで幾多の霊を目視しているにも拘らず、きっと霊感というものが洗練されていないのだろう。

今でも最初に霊の姿を目撃してしまった時には、それが生きている人間なのか、それとも実体を伴わない霊なのかを判別するのにかなりの時間を要してしまう。

周りの霊能者達は瞬時にその判断ができるのだが俺にはそれができないのだ。

普通ならば……。

だが、その女の姿を最初に視た時、瞬時にそれが生きている人間ではないことが俺にもすぐに判断できた。

いや、きっと俺でなくてもその姿を視てしまったならば誰でもすぐに判断がつくはずだ。

そもそもそんな状態で生きて……いや立っていられる人間などいるはずがない。

つまり外見の壊れ方が半端ではないのだ。

頭は砕け、顔が半分潰れており、骨折しているのか手首が力なく垂れ下がっている。

そんな姿で前屈みに立っているが、首は完全にへし折れており、首を捻るようにして百二十度くらいの角度で垂れ下がっている。

そんな姿で行き交う人達の顔をジロジロと覗き込んでいる。

まるで必死に誰かを探しているように。

その姿から、きっとビルの屋上から飛び降りた水商売の女性だということは何となく俺にも理解できた。

きっと辛いことがあり悩んだ末の自殺なのだろうと可哀想にも感じるのだが、やはりその女の視線からはとてつもなく危険なものを感じてしまう。

勿論、俺にはそんな女性に心当たりはないが、万が一、人違いされたりすれば即座に命の危険に晒されるか、もしくは死ぬまで付き纏われるのは火を見るより明らかだ。

怪談作家をしているのならば自ら危険に身を置くという選択肢もあるのかもしれないが、自らの命を危険に晒すほどの勇気は俺にはない。

だから俺は常にその道を通らないように遠回りして行きつけの店へと向かってしまう。

ただ、その女の霊を目撃するのはいつも決まって雨の日だった。

晴れた日にその女を視たことはなかったが、雨の日ならば昼夜問わず、必ずその場所に立っている。

それならば、晴れた夜は普通にその場所を通っているのかと聞かれれば、それもまた即座にノーと答える。

たとえ晴れた日の夜、その女の霊が視えなくても、その場所に女の霊がいることに変わりはないのだ。

一度その姿を視てしまった俺にとっては、あの凄まじい姿で顔を覗き込まれているかと思うと、姿が視えない分だけ逆に恐ろしくて堪らなくなる。

一度見たら忘れられない姿……。

何も気にせず普通に歩いている人達を見ると、視えてしまう不幸というものを恨めしく思ったことは一度や二度ではない。

そんな場所である日、死亡事故が起きたと聞いた。

一人の男性が車に轢かれて亡くなった、と。

そしてそれ以来、俺はその女の霊を視なくなった。

どれだけ雨が降っていても……。

俺はようやくホッと胸を撫で下ろした。

これからは気にせずその道を通れるようになるかもしれない。

だが流石に気になってしまい、その女の霊に関して霊能者のAさんに聞いてみた。

すると、
ああ……あの女の霊のことですか？

Kさんが異常に怖がってた……。

まあ確かに見た目はあんな感じだから怖がるのも仕方ないのかもしれませんけど、別に何か悪さをしようとしてたわけじゃないんですけどね。

あの女の人はずっと一人の男を探してただけ。

自分を騙してボロボロにし、自殺へと追い込んだ男をね……。

そして、ようやくその男を見つけたんです。

長い間ずっと探してた男を見つけられて、嬉々としてその場で事故として殺してしまいましたから。

その男も自業自得ですから何も言うことはありませんが、それでもその男はこれから永遠にあの女の霊と一緒に居なければならなくなりました。

死んでからもずっと……。

呪縛されてしまっていますから、死んでもどこにも逃げられない。

そして、あの女の霊も自殺霊ですからあの場所から永遠に離れることは許されない。

視えなくなったのはもう誰も探す必要がないから。

視えないだけでちゃんといつもの場所に立っていますよ。

今は女の横に事故死した男が立っています。

女の嬉々とした顔と男の絶望に満ちた顔の対比は、私が視てもとても気持ちの悪いものです。そんな姿を視なくて済んで本当に良かったですね。

Kさんが視たらきっと片町自体に近寄れなくなりますから。

そう説明された。

確かに自殺霊はその場所に呪縛されると聞く。

それならば探していた相手を見つけたとしてもその場所から動けるはずはない。

できることならこれからもあの女の霊が視えないままでいられることを切に願っている。

まあ、あの女の霊が永遠にあの場所から離れられないのなら、俺があの道を通ることは永遠に叶わないのだろう。

非常階段

これは三年ほど前に俺自身が体験した話になる。

ある時、俺は知人からこんな話を聞いた。

とある雑居ビルに入っていた会社のＯＬが、非常階段から飛び降りたんだけどさ。現在は廃ビルになっていて、非常階段に自殺したその女の霊が出るらしい。

おまけにな、もしもその女の幽霊が視えなくても、かなりの確率で何か不可思議なことが起こるんだってよ。

ネタに困ってるんならお前も行ってみたらどうだ？

特に危険はないらしいから——と。

幽霊には会いたくなかったが、確かにネタは欲しかった。

さらに言えば俺の場合、話を書くにはその場所のイメージが具体的に湧かないと書けないという弱点を有している。

その状況で「危険はない」とまで言われてしまうと、現地に行ってみたくなるのが怪談屋の性《さが》だ。

俺は知人から詳しい住所を聞くと、週末に件のビルを探索することにした。

用意したのは安価なビデオカメラとライト。

現地に行って霊の姿をビデオに収められればベストだが、もしもその女の霊が現れなかったとしても代わりに何らかの怪現象が確認できればそれでも良かった。

要は現地に行き、その場の様子を目に焼き付けて、怪異っぽいことが体験できれば十分だったのだ。それだけあれば実話怪談を一話書き上げられるかもしれないのだから。

ただ俺とすれば、できるだけリスクを減らしたかったのも事実。

現場で待機し、女の幽霊や怪異が現れるまで待ち続ける度胸など持ち合わせてはいない。だから俺は件の廃ビルに行ったら、手早くビデオカメラを設置して自宅に戻り、朝になったところでビデオカメラを回収するという方法をとることにした。

そのため、万が一ビデオカメラを盗まれても落ち込まなくて良いように、わざと中古の安物ビデオカメラを用意した。

友人に教えられた地図を頼りに、郊外に向かって車を走らせていると、件の廃ビルはすぐに見つかった。

住宅密集地からもかなり離れており、これならば廃ビルにカメラを設置しているのを誰かに見られ、警察に通報される心配もなかった。

廃墟ビルとは聞いていたが、実際に見てみるとそれほど朽ちてはおらず、非常階段自体もまだしっかりした状態だった。

一度車に戻り、夜十時を回ってから再び非常階段へと向かう。

俺にとって夜というのは午後十時を過ぎてからであり、怪異と遭遇する確率はその時間を過ぎれば一気に高くなる、と勝手に決めつけていたからである。

以前、心霊スポット用に購入した大型のライトを点けると、辺りは一瞬で眩しいくらいの明るさに包まれた。

これだけの明るさが確保されており、おまけに今回は廃ビルの中に入る必要もなく、屋外の非常階段を上っていってビデオカメラを設置するだけでいいのだ。安全すぎるミッションに俺自身、恐怖など微塵も感じていなかった。

逆に言えば、どうせ一晩中定点カメラを作動させるのだから本当に女の霊が映りこんでいたり奇妙な声が入っていたら良いな、とある意味ワクワクした気持ちで非常階段を上っていった。

一階から二階へ上がるとビルの非常口が開いていたが、怖がりの俺はできるだけそっちを見ないようにして階段を上り続けた。

カンカンカンカン……。

聞こえてくるのは軽快に鉄製の階段を上っている自分の足音だけ。

本当に恐怖を感じる要素は何もなかった。

そうして非常階段を上り続け、ようやく四階への踊り場へと辿り着いた。

まだ階段は上へと続いていたが、日頃の運動不足のせいで既に息は切れており、さらに上の階へと上っていく気にはなれなかった。

そもそも自殺したOLさんが身を投げたのは四階だったそうだから、カメラを設置するのは四階の非常階段でいいはずだった。

俺は持ってきたバッグからビデオカメラを取り出すと、暗視モードに設定して録画を開始した。これであとは自宅に戻り、早朝にビデオを回収するだけでよかったのだが、俺はすぐにその場から離れはしなかった。

というのも、幽霊が出る噂に反して今のところさしたる恐怖は感じられず、しかもその場所から一望する夜景が素晴らしかったので、つい見とれてしまったのだ。

俺は胸ポケットから煙草を一本取り出すと、口に咥えてライターで火を点けた。

手摺にもたれ、暫くの間遠くに見える街明かりを眺めてから、ふと視線を下に落とした。

ライトで照らすと、真っ白いコンクリートの地面が広がっている。

その一部だけが赤黒く変色していた。

……まさか、な？

でも、こんな所から飛び降りたのか？

地面はコンクリートだから即死だっただろうか。

せめて苦しまずに、一瞬の痛みだけで死ねたのなら良いんだけど……。

そんなことを考えていた。

その時だった。

突然、持っていたライトの明かりが消えた。

明るい視界に慣れきっていた俺は完全に何も見えなくなり、手摺にしがみつくようにして固まるしかなかった。

慌ててライトのスイッチをカチカチやるが、消えたライトが反応することはなかった。

昨夜のうちにしっかりと新品の電池に交換しておいたので、電池切れではない。

何度スイッチを押しても反応しないのだから、きっと機械的な故障なのかもしれない。

それにしても、どうしてこんな時に？

俺は目が暗闇に慣れるまでその場所に留まるしかなかった。

四階にいるというだけで眩暈のような感覚に襲われ、俺は手摺を伝うようにしてその場にしゃがみ込んだ。

何も見えない状態でやみくもに下りていくことは明らかに無謀な行為だった。

その時俺はスマホに内蔵されているライトの存在を思い出した。

こんな非常事態に使わないでいつ使うというのか？

すぐにスマホを取り出すとライトを点灯させた。

頼りない明かりだったがそれでも漆黒の闇に取り残されていた俺の不安を払拭してくれるには十分な明るさだった。

よし、これで足元を照らしながら慎重に下りていけば、下まで辿り着けるな！

そう思った刹那、突然俺のいる四階よりも上のほうから階段を下りてくる靴音が聞こえてきた。

カツン……カツン……カツン……カツン……。

その足音が俺には硬いヒールの靴音にしか聞こえなかった。

足音はゆっくりと鉄製の階段を踏みしめるように下りてきていた。

まだライトが点いていた時に上の階に誰もいないのは確認済みだった。

いや、夜中の廃墟ビルにそもそも人などいるはずがない。

だとしたら——人ではないモノ？

俺の頭の中は一気に恐怖で満たされてしまった。

ヤバい……逃げなきゃ！

そう思った俺は手摺に掴まりながら、スマホのライトを頼りにできるだけ足音を立てないように静かに階段を下り始める。

なぜかさっきよりも上から聞こえてくる足音が速くなっているような気がした。

追いつかれる恐怖が不安を加速させる。

それでも俺はできるだけ静かに、ゆっくりと階段を下りていかねばならなかった。

過去の経験上、こちらの存在に気付けば相手は一気に近づいてくる。

そしてこちらが走り出せば、相手も走って追ってくる。

……そんな確信があった。

しかし、次の瞬間、俺は階段を下りていた足を止めた。

何かが階段を上ってくる音が聞こえたのだ。

階段を上から下りてくるカツンカツンという硬い靴音とは全く違った音。

それは何かを引き摺るような音。

間違いなくその音は上からではなく下の階から聞こえてきていた。

ズズズッ……ベチャ……ゴトン……ズズズッ……ベチャ……ゴトン……。

まるで何かを引き摺りながらゆっくりと階段を這い上ってくるような音……。

その状況は俺がこの場所から動けなくなったことを意味していた。

完全なる挟み撃ちだ。

俺は必死に逃げ場を考えた。

階段から地面に飛び降りるにしても、流石に高すぎる。

それこそミイラ取りがミイラになってしまう。

俺にはどこかに身を隠してそれらが行きすぎるのを待つことしか思いつかなかった。

微かなスマホのライトだけで自分が隠れられる場所を探しだせるのか？

焦るほどに視界が定まらず、心臓の鼓動だけがどんどん速くなっていく。

それでも何とか階段に立てかけられていた木の板を見つけ、俺はできるだけ建物の壁に張り付くようにして身を屈めるとその上から木の板で蓋をした。

隠れ蓑としてはお粗末としか言いようがないが、こちらが相手を目視しなければ相手からも見つかる確率は低くなると、霊能者のAさんはよく言っていた。今はその言葉だけが頼りだ。

俺はその場でスマホのライトを消すと、貝のように固まって息を殺した。

とても長い時間に感じられた。

目を瞑り、身を固めていると、やけに聴力だけが過敏になってくる。上と下から近づいてくる何かの足音がよりはっきりと鮮明に聞こえてくる。

上からの足音は自殺したＯＬさんだろうか。

だとしたら下からの音は何なんだ？

いったい何を引き摺っているんだ？

そんなことを考えながらできるだけ冷静でいるように努めたが、やはり緊張感で俺は酷い息苦しさを感じていた。

不思議なことに、聞こえてくる音はどれだけ待ってもいっこうに近づいてこない。

ずっと同じ場所に留まっているような感覚で、それはそれでとても厄介であった。なぜなら俺がこの場所から動けないことになってしまうからだ。

よせばいいのに、一か所に留まって足踏みしている様子を頭の中に思い浮かべてしまい、吐き気すら催した。

……勘弁してくれ……。

心の中でそう思った時、突然背後からはっきりと声が聞こえた。

ねぇ？　……ねぇ？　……。

俺の背後にはビルの壁しかないはずだ。

しかし、その声は確かに俺の背後からはっきりと聞こえてきた。

その瞬間、それまで何とか堪えていた恐怖心が一気に爆発した。

俺は板は払いのけてその場から立ち上がると、そのまま大きな音も気にせず階段を駆け下りた。

もうスマホの明かりなど当てにしてはいられない。

手摺に掴まりながら俺は全力で階段を駆け下りた。

すると、やはり上から聞こえてきていた硬い靴音も一気に速く大きくなった。

それでも俺はもう止まることなどできなかった。

一気に二階まで駆け下りた俺は、階段にへばりつくようにして這い上がってくる何かを認め、その場から一気に地面へと飛び降りた。

二階の階段を這いあがっていたのは明らかに全身が潰れた女性の姿に見えた。

それを見た瞬間、俺はもうそのまま階段を下りることはできず、その場から飛び降りるしか術がなかった。

足に痛みはあったが、それでもヨタヨタと停めていた車に飛び乗りエンジンをかける。

その時、何かが地面に落下したような音が聞こえた。

しかし、それが何かを確認する勇気などなく、俺は一気にその場から車を発進させ何とか自宅へと無事に辿り着いた。

翌朝、廃ビルに設置してきたビデオカメラのことが気になったが、とても回収しに行く気にはなれなかった。

数日経って、何とか気持ちも落ち着いてきたのでその廃ビルのことを俺に教えてくれた知人に会うことにした。

行きつけの喫茶店で待ち合わせて、開口一番、文句を言う。

「お前さ……あの場所のどこが安全なんだよ！　こっちは下手したら死んでたんだからな！」

そう声を荒らげたが、その知人は不思議そうな顔をして逆に聞いてくる。

「お前、本当にあのビルに行ったんか。でも、安全だっただろ？　いや、そもそも階段には上れなかったやろ？」

お互いの話す内容が噛み合わなかった俺達は、二人で再びその廃ビルを訪れた。

そして、俺は目の前のビルを見上げ呆然としてしまった。

確かに知人の言った通り、階段は一階から三階へ上がるまでの部分が切り落とされ、欠落していた。

誰かが錆びて朽ちた階段を上ると危険という理由で切り離されたのは容易に想像できた

が、だとしたら俺はあの夜、どうやって階段を上ったというのか？

そして階段は三階から四階までの部分だけが残されており、その上に向かう階段など存在すらしていなかった。

俺は四階で確かに上へ向かう階段を見たし、上の階から下りてくる硬い靴音もはっきりと聞いている。

いったい……どうなってるんだ？

俺と知人がどうにかして四階の踊り場に設置してきたビデオカメラを回収できないか？と廃ビルの入り口を探していると、ビデオカメラはコンクリートに叩きつけられた状態で地面に散乱しているのが見つかった。

自宅に持ち帰りビデオカメラを確認するとどうやら記録媒体のメモリーカードは無事のようだった。

俺達はすぐにあの夜撮影した映像を確認したが、そこには何も映っておらず、ただ酷いノイズだけが収録されていた。

その廃墟ビルは今でも郊外に残されたままになっているが、俺はもう二度とそのビルに近づかないと心に決めている。

幽霊なんかいねえよ

「幽霊なんかいねえよ！」

それが多田さんの口癖だった。

彼は俺が行きつけにしていたスナックの常連客。

俺はそのスナックで常連さん達から恐怖体験談を聞きだしては許可を取り、執筆のネタにしていたのだが、彼はいつもお気に入りのビールを飲みながら静かにそのやり取りを聞いていた。

そして俺が話を聞きながらメモを取り終えると、それを待っていたかのように「幽霊なんかいねえよ！　死んだ奴が皆、幽霊になっちまうんだったら、この世は幽霊だらけじゃねえか！」と、いつも横槍を入れてきた。

ただ俺自身はそんな横槍を入れられても別に悪い気はしなかった。

いつも俺が話を聞き終えるのをわざわざ待ってから横槍を入れてくるのだから、そもそも悪い人ではないのだろう。むしろ、根は優しい、しっかりと気配りのできるタイプなんだろうな、と感じていた。

それに彼が入れてくる横槍はそのひと言だけで、しつこく絡んでくることはなかったし、そのひと言を口にした後、一人で頷きながらビールを飲んでいる彼を見ていると、まるで彼自身に言い聞かせるための発言のようにも感じられた。

それよりも俺がいつも気になっていたのは、彼がふいに誰もいない空間をじっと凝視して固まっていたことだった。

それだけではなく、たまに独り言のように「あっちに行け！　近寄ってくんな！」と呟くことも多かった。

そんな場面を何度も見ているうちに俺は一つの仮説を立ててみた。

もしかしたら彼はとても強い霊感の持ち主なのではないか？

だから俺が視えていない霊の姿も常にはっきりと視えているのではないか？　と。

実はその店には霊能者のAさんも何度か訪れたことがあるのだが、そのたびにAさんはこう言っていた。

「この店は人間の客の数よりも、別の客のほうが多すぎますね。まあ楽しいから別に良いんですけど——」と。

俺にはAさんが言う別の客の姿を視ることは殆どなかったが、それならば彼の言動の意味も十分説明がつく。

そんな仮説が確信に変わったのは、俺がいつものように常連客に混じってその店で飲んでいた時のことだった。

いつものように酒を呑みながら常連客達の話に耳を傾けていた最中、突然店のドアが開いた。

店の中にいた人間の全ての視線がドアのほうへと向けられた。常連客らは、

「なんで勝手にドアが開くんだよ？」

「自動ドアにリフォームでもしたのか？」

と、酔っぱらいらしい突っ込みを入れていたが、それは開いたドアの向こうに、薄暗い廊下しか見えていなかったからだろう。

しかし、俺は違った。

開いたドアの隙間から顔を突っ込み、店内の様子を窺った後に、ぬるりと肩を入れてこようとしている中年の男性がはっきりと視えていた。

そして、もう一人。

件の彼にも、その中年男性の姿がはっきりと視えていたようだ。

「馬鹿野郎！　今日はこの店、満席なんだよ！　お前の座る席なんか一つも無えんだ！　さっさとドア閉めて他の店に行け！」

そんな言葉を開いたドアに向かって叫んでいた。

いつもの穏やかな口調ではなく、罵るような口調だったから俺も少し心配になって成り行きを見守っていた。が、その中年男性は無表情な顔でじっと彼を見つめた後、ドアの向こうへと消えてくれた。

ドアはまたひとりでに静かに閉まった。

常連客達は、彼の突然の暴言にしばし驚いた顔で彼を見つめていたが、俺は自分の仮説が正しかったのだとあらためてそこで確信した。

やはり彼には強い霊感があり、常に霊の姿が視えてしまっているにちがいない。

しかし、俺にはどうしても合点がいかない部分があった。

それまで霊感がなく、霊の姿など視たこともない人に霊の存在を否定されることはよくあったが、どうしてこれほどまでに強い霊感があり、俺よりもはっきりと霊の姿が視えているだろう彼が、霊の存在そのものを否定するのか？

だから俺は運よくその店で彼と二人だけになれた際、その理由を彼から聞き出せないかと高価な酒を彼に奢った。

そうして一緒に飲んでいると、最初は渋っていた彼も次第に重い口を開いてくれた。

彼は高校生の時に母親を病気で亡くしていた。

通夜の間ずっと彼は母親の側を離れなかったが、ふと気が付くと部屋の隅っこに死んだはずの母親と知らない女の人が立っていた。

驚いた彼が視線を布団へ移すと、死んだ母親は先ほどと変わりなく布団の中に横たわっていた。

部屋の隅っこに立っている母親はいったい何なのだ？

どうして母親が二人もいるんだ？

彼の頭の中は悲しみも忘れ、どんどんと混乱していった。

考えれば考えるほど彼には部屋の隅っこに立っている母親ともう一人女性がとても恐ろしいモノに感じられてきた。

これが幽霊というものなのか？

そう思うだけで彼はすぐにでもその場から逃げ出したかった。

しかし、体は硬直して動かず、声をあげることもできない。

唯一動かせたのは視線だけだった。

彼は部屋の隅に立つ二人から視線を外しそのまま朝まで部屋の逆側の隅にある畳をじっと見つめ続けた。

その間、母親の遺体が寝かされている部屋には沢山の親戚が入れ代わり立ち代わりやってきては母親の死に顔を見て最後の挨拶をしていったが、どうやら彼らには部屋の隅っこに立つ二人の姿が視えていないのだと次第に分かってきた。

他の人には視えていないモノが自分にだけ視えている。

それだけでも彼にとってとてつもない恐怖だった。

それからどれだけの時間が経過したのだろう。

次第に夜が明けて日が昇り始めた頃、母親ともう一人の女性が部屋から出て行こうとしているのが分かった。

彼はその時、その女性が永遠に母親を連れて行ってしまうのだと感じ、もしかしたら今なら母親に戻ってきてもらえるのではないか？　と考えたそうだ。

ちょっと待って！

先ほどまで出なかった声もその時はしっかり出すことができた。

その瞬間、母親ともう一人の女性が彼のほうを振り向いた。

その時の母親は生前の優しい顔からは想像もできないほど冷たい表情を浮かべていた。

彼はその表情を見た瞬間、もう母親は別のモノになってしまったんだと悟ったそうだ。

続いて、彼の声に反応したもう一人の女性が薄気味悪い笑みを浮かべて彼に近づいてきた。

そうして彼の目の前に来てしゃがみ込むと、顔を彼に近づけてこう囁いた。

おまえは視えてるんだね。

このことを喋ったらあんたも連れに来るからね……と。

女性は人差し指を立てて唇に押し当てたまま部屋から出て行き、母親も彼には目もくれず無言のままその女性の後についていった。


「その時の恐怖はいまだに忘れられんよ」

彼は絞り出すようにそう呟いた。

そんな怯えた様子の彼に、俺はさらに追い打ちをかけてしまう。

「つまり、霊は視えてるけど怖いから存在を否定しているってこと？」

彼はやや食い気味に、真剣な顔で言い返してきた。

「怖いに決まってるだろうが？

生きている人間の数よりも遥かに多くの霊が街中に、いや、どこに居ても視界に入り込んでくるんだぞ？

そんな日常で、霊の存在を認めてしまったら怖くて生きていけねえよ！

視えてるけど全ては目の錯覚！
あの時以来そう思うようにしてるんだ！
もう二度とあの時の女に会いたくないからな！
でも、もしかしたら今度は本当に俺の所に連れに来てしまうかもしれねえな。
あの女は誰にも喋るな、って言ったんだ。
それをあんたに喋ってしまったんだから」
彼はそう話し終えると肩の荷が下りたように明るく笑ってくれた。

それから二度とその店で彼を見かけることはなくなった。
そしてその後彼は病気で他界した、と他の常連客から聞かされた。
俺が彼と最後に会ってから一年も経ってはいなかったと思う。
もしかしたら俺にあの女の存在を話してしまったせいなのかもしれない。
そう思って自責の念に駆られることもあったが、どうやらそうではないらしい。
俺はその後、行きつけの店に行くと常に彼を見かけるようになった。
勿論、霊という存在になった彼を……。
美味しそうに楽しそうに一人で酒を飲んでいる彼の姿からは、もう恐怖心は微塵も感じられなかった。

彼を見ると思う。

もしかしたら死後の世界というものもまんざら悪いものではないのかもしれない、と。

ため池

これは俺が担当する得意先で起こった怪異になる。

その会社は郊外の工業団地にあり、全部で五つの工場からなるそれなりに大きな会社だ。

そして、その工業団地には消防用のため池があった。

コンクリートで固められ、一見するとプールのようにも見えるため池なのだが、実はその工業団地内では過去に一度大きな火災が発生し、水源が確保できず消火に手こずった歴史がある。犠牲者も出たため、同じ過ちを繰り返さないようにとため池が造られたと言われている。しかしそれ以降は一度も火事は起こっておらず、さらに過去に起こった火事の記憶も次第に風化していっているのか、全く管理されないまま放置されたため池の水は緑色に濁り、それだけでおどろおどろしい様相を呈していた。

俺が担当するその得意先は、そのため池に隣接するようにして建っていた。


ある時、その会社で不思議な噂が流れた。

深夜、ため池のほうから誰かが水の中を移動しているような水音が聞こえてくるというものだ。

実際、とある男性社員がいつものように深夜まで仕事をしていると、噂の通り、隣接するため池のほうからジャバジャバッという、何かが移動しているような水音が聞こえてきたという。

男性は、こんな深夜に何事かと思い、外で出てため池のほうを確かめてみた。すると、ため池の中を数人の黒い人が腰まで水に浸かりながら移動しており、それを見た社員は恐ろしくなってその場から逃げ出したという。

翌日、同僚にその話をしたらしいが誰もそんな話を信じてくれるはずもなく、そのうちに変な独り言を口走るようになり、数日後には気が変になって会社を辞めていった。

それが一人だけならば見間違い、幻覚などで説明がつくのだろうが、それまでにその会社では五人以上の社員が同じものを見たと証言し、同じように精神を病んでそのまま会社を辞めていった。

俺が得意先の担当からその話を聞いた時、彼はかなり深刻な顔をしてこう言った。

辞めていった社員は皆ベテランで、各部署のリーダー的な存在でしたから当社としてもかなりの痛手なんですよ。それに工場で働く誰もが内心ではその噂に怯えて残業をしようとしなくなっちゃって。

でも、幽霊や妖怪なんて存在するはずがないじゃないですか？

きっと彼らは噂を聞いてある種の自己催眠にかかってしまったんじゃないでしょうか。

それで、見えないはず聞こえないはずのモノを見てしまったんだと思います。

だから僕がその噂の正体を確かめて、これ以上一人の犠牲者も出ないようにしないといけないと思うんです。幽霊の正体見たり……って奴ですかね！　と。

確かにそれだけの情報では何も判断などできるはずもなかったが、俺としては過去にその工業団地内で発生し、死者まで出してしまったという火事のことが気になっていた。


それから彼は会社の上層部を説得し、変な噂を払拭し、再び社内に活気を取り戻すためという大義名分で、ため池内の動きに反応して強い光で照らすセンサーライトを社屋の壁に取り付けた。

「これで噂の正体を突きとめられます！」

彼はそう意気込んでいた。


そして週末の土曜日。休日を返上し、彼は夜から会社に出社した。

周りの同僚たちには、悪いことは言わないからやめておけ！　と何度も言われたが、彼は全く気に留めなかった。

翌日は日曜日、だから今夜は徹夜でため池を監視してやる！

誰もが噂を恐れ残業を拒否する中、彼だけは真相究明に燃えていた。

午後八時を回ると、休日出勤していた他の社員も全員退社し、社内にいるのは彼だけとなった。それでも彼は少しも怖くはなかった。

しかし、日頃の疲れが残っていたのだろう。

いつセンサーライトが光るかと一階の給湯室で待ち続けていた彼は、いつしか強い睡魔に襲われて椅子に座ったまま寝入ってしまった。

どれくらいの時間、眠っていたのか？

バシャバシャッという水音が聞こえ、ハッとして目を覚ました彼が時計を見ると、既に時刻は午前一時を回っていた。

そして、給湯室の窓の外に明るい光がはっきりと見えた。

間違いなくセンサーライトが何かに反応して光っている。

彼は一気に椅子から立ち上がると、そのまま外へと飛び出し、ため池を囲う金網へと駆け寄った。

そこで視た光景に彼は思わず絶句しその場に固まった。

ため池の中を黒い何かが移動していた。

それは男性五人と女性二人のように視えたという。

はっきりと断言できないのは、その黒い何かとはおそらく焼け爛れて炭化した人の姿で、シルエットから何となく男女を見分けたからだという。

辞めていった社員たちが視たのは黒い影ではなく、炭化して黒くなった人間だった。

それらは金網の側で固まっている彼など気にも留めず、一心不乱にため池の中をゆっくり移動し続けていた。

（噂は本当だったんだ……）

そんな思いが強い後悔の念とともに頭の中に広がっていく。

彼の記憶が残っているのはここまでだという。

朝になり、出社してきた他の社員に発見された彼は、すぐに病院へと搬送された。

発見された時、彼は金網にすがりつくようにして、何かに向かって必死に謝り続けていたそうだ。

しばらくは一時的な記憶喪失になっていた彼だが、その後は無事に退院し、職場に復帰した。

そして、久しぶりに再会した俺にこの話をしてくれたのである。

彼はこう言っていた。

Kさん、バケモノって本当にいるんですよ。

あの夜、記憶に残っている限りでは、七人の男女がため池の中を重たい体を引き摺るように、両手を前に上げながらゆっくり歩いてました。

まるで映画で見たゾンビのように……。

でもね、あのため池って実はもっと深いんですよ。

大人がため池の中に入ったとしても、水面から顔が出るかどうかというくらいに深いんです。でも、あの時ため池の中を歩いていた男女は、腰から上の部分が水面から出ていました。

それに、七人もの人間が水の中を歩いているのに、外に出ると水音は一切聞こえなかった。社屋の中からはジャバジャバってはっきりと水音が聞こえたのに、いざ外に出て近くに寄ってみると、水音は一切聞こえなくなったんです。

それってすごくおかしいでしょう？

あの人たちはきっと生きている人間ではないんです。

それで僕も供養のためと思い、過去に工業団地で起きた火災のことを調べてみたんです。

そうしたら、その時に亡くなられているのは老夫婦お二人だけだったんです。

それじゃ、僕が視たのはいったい誰なんでしょう？

何のためにあの人たちはため池の中を歩き続けているんでしょう？

僕は視てはいけないモノを視てしまったんでしょうか？


そう聞かれた俺は何も答えられなかった。

そして、それが彼と会った最後になってしまった。

その後、次第に変な独り言を口走るようになった彼は、やがて心を病み、そのまま会社を辞めてしまった。

そして、その数日後に彼は命を絶った。

自らの体に灯油をかけた後で、柱に体を縛り付けた状態で焼死した彼の遺体は黒く炭化しており、顔はおろか性別の判別すら困難な状態だったそうだ。

逃げて……

これは俺の幼馴染から聞いた話になる。

彼との付き合いは小学四年から。俺は一年生の時に父親の転勤で名古屋に移り住み、金沢には四年生の時に戻ってきた。転校生として学期途中で編入してきた俺にとって一番最初にできた友達が彼だった。

二人の仲は中学生になっても変わらず、クラスが分かれても遊ぶのはいつも彼が最優先だった。高校もそれぞれ別のところに進学したが、休みになれば自然と一緒に遊んでいた。

彼が通っていた高校はどちらかというと、勉学よりもスポーツに力を入れていた高校だった。そのせいか彼の周りには明らかにヤンキーにしか見えない同級生が多かった。

それでも彼に紹介されて実際に話してみれば良い奴ばかりだったし、休みの日に他校の生徒と喧嘩するのに人数が足りないからと、突然呼び出されて喧嘩に参加させられたのも今となっては良い思い出である。

きっと彼との交流がずっと続いたのは、単に家が近かったことだけではなく、彼が本来持ち合わせている優しい性格のおかげだったと思っている。

地味な俺とは違い、いつも流行のファッションに身を包み、派手な車を乗り回していた彼ではあったが、その根底には小学生時代から変わらぬ無償の優しさがあった。

そんな彼は俺よりも一年早く、高校時代の同級生と結婚した。

彼と結婚した女性はひと言でいえば良家のお嬢さんで、真面目で何でもソツなくこなすタイプの人だった。

それまでは高校生や十代の若い女の子とばかり付き合っていた彼が、突然高校時代の彼女とヨリを戻し、付き合い始めて一年後には結婚すると連絡してきた時には本当に驚かされた。

驚いたのはそれだけではない。結婚してからの彼は、以前とは別人のように真面目な暮らしぶりへと変わった。

それまではチャラチャラしたギャル系の女の子をとっかえひっかえして遊び回り、「もしかしたら妊娠させてしまったかも……?」なんて相談を受けたことも一度や二度ではなかった。

そんな彼が、結婚した途端に自堕落な生活を一変させた。

仕事が終わると寄り道せずに家に帰り、奥さんと一緒の時間を大切にする。俺や他の友人が飲みに誘っても、なかなか付き合ってくれないほどだった。子宝にもすぐに恵まれ、郊外に家を買った彼は、絵に描いたような幸せな家庭を築いていった。

月日はあっという間に経ち、一男一女の子供達も立派に成長し、自分達の家庭を持って独立していった。

そして、それはちょうど彼に初孫ができた頃だったと記憶しているのだが、彼は転職を決め、新しい会社で初めての業務に取り組んでいた。

慣れない仕事でかなりの負担とストレスがあったのは容易に想像できるが、それでも彼の部下たちは彼のひたむきさに感化されたのか、業務の枠を超えて彼と共にプロジェクトの成功に尽力してくれた。

毎日遅くまで帰宅せず、日曜日も出かけていく彼。

それを快く思っていなかったのは他でもない奥さんだったようだ。

興信所に依頼すればそんな勘違いや思い込みはすぐに払拭できたと思うのだが、奥さんはその真面目な性格ゆえに、彼が浮気しているのではないかという疑念を自分の目で確かめようとした。

自分の仕事を休んでは彼の部屋で証拠を探し、彼の会社の近くに車で待機し、彼の行動を監視するようになった。

そうなってしまうと全てが疑いの対象になってしまうのだろう。

当然ながら彼の部下には若い女性社員もいた。

きっと奥さんは二人が一緒にいるところを目撃し、そこから想像を膨らませてしまったのだろう。

彼はいつの頃からか、夜ふと目が覚めた時に隣のベッドで寝ているはずの奥さんがいないことに気付いた。

ただ彼も疲れていたのでわざわざ起きて確認する気力はなかったし、きっとトイレにでも行っているのだろう、と軽く考えていた。

確かに朝起きた時には隣のベッドにはちゃんと奥さんが眠っていたし、彼が「夜中にどこか行ってた？」と聞いても、奥さんは笑いながら「トイレに行ってただけよ」とか「ちょっと小腹が空いちゃって」と返すだけだった。

最初は彼も奥さんの言葉を鵜呑みにしていたが、そのうち妙な違和感を覚えるようになった。

まず、奥さんがどんどんと痩せていっている。

そして家の中に獣臭のような嫌な臭いが漂うようになった。

さらに奥さんは髪をセットすることもなくなり、いつもボサボサの髪で生活するようになってしまった。

その頃になると彼もさすがに奥さんのことが心配になって、色々と周囲にアドバイスを求めたり、一緒に病院へ行こうと促したらしいが、奥さんは何を聞いてもぼんやりした顔で「うん」とか「えぇ」と応えるだけだった。

会話もなくなり、彼が帰宅するといつも奥さんはベッドの中で眠りに就いていた。

それでも夜中に彼が目を覚ますと、相変わらず奥さんの姿は隣のベッドにはなかった。

(もしかして、夜中にあいつが寝室から居なくなるのとどんどん痩せていってるのは関係があるのかもしれない……)

彼はいつしかそう考えるようになっていった。

そしてある夜、彼は奥さんが毎夜どこで何をしているのか確かめようと思い、いつものようにベットに入るとそのまま背中を向けて寝返りを打ちずっと寝たふりを続けた。

何度か寝返りを打つふりをして奥さんのほうを窺うと、仰向けに寝ている奥さんの目はしっかりと開いており、瞬きもせず天井を凝視していた。

やっぱり何かおかしい……。

彼はより強い胸騒ぎを感じながらもそのまま寝たふりを続けたという。

そして、午前一時頃。奥さんは糸で操られた人形のような動きで上体を起こすと、そのまま立ち上がり、スーッと部屋から出て行った。

彼はその奇妙な動きに恐怖すら感じていたが、やはり奥さんのことが心配で、ベッドから出て奥さんの後を追った。

しかし、家中どこを探しても奥さんの姿は見つけられなかった。

外に出て近所も見回ったが、やはり奥さんの姿は見つけられず、彼は二階の寝室の窓からぼんやりと奥さんが戻ってくるのを待っていた。

その時、ついうとうとしてしまったようで、ハッと目を覚ました彼が窓の外を見ると、奥さんが立っているのが見えた。

雨が降っていたにもかかわらず傘も差さず、ぼんやりというよりかは何かを睨みつけるように仁王立ちしている。その姿は明らかにいつもの奥さんとは違い、まるで異形の鬼のように見えたそうだ。

彼はその時初めて奥さんが何か得体の知れないモノにとり憑かれているのではないかと感じ、恐怖した。それでも頭の中では、どうやったら奥さんを救ってあげられるのかを必死に考えていたという。

その日はそのまま奥さんに気付かれないようにベッドに入り、寝たふりを続けた。

しばらくして寝室に戻ってきた奥さんはひとしきり何かブツブツと呟いていたが、彼にはそれが「もう少し……もう少し……」と呟いているように聞こえたそうだ。

翌朝、彼は思い切って奥さんに昨夜のことを尋ねた。

真夜中に外で何をしていたんだ？　と。

しかし奥さんは本当に憶えていないらしく、ごく自然な顔で「何のこと？　夢でも見たんでしょ？」と返してきたという。

それでも奥さんの行動に狂気すら感じた彼は、奥さんを説得して週末に一緒に病院に行くことにした。

彼には奥さんの精神が病んでいるとしか思えなかったから。

そして、週末が来る前に彼の会社の部下が突然死した。

急性心不全と診断されたが、二十代の若く元気な女性の突然死は俄かには信じられなかった。

その夜、彼が帰宅してそのことを奥さんに話すと、奥さんはまるでそのことを知っていたかのような口ぶりで応じた。何よりにその日の奥さんは異常に機嫌が良く、その理由を聞いても「今日は願いが叶ったから嬉しくて！」と満面の笑みで返してきた。

奥さんはこれまで、他人の死に対して笑って話せるような人間ではなかった。

だから彼はその時、得体の知れない気持ち悪さを感じていた。

もしかして……妻が？

そんな考えすら浮かんでしまい慌ててそれを打ち消した。

しかし、どうやら彼のそんな考えは決して的外れではなかったのかもしれない。

その夜、彼が寝ていると誰かに体を揺すられて目を覚ました。

目の前には奥さんの顔があった。

その顔はまさに嗤っている般若のようであり、彼は思わず小さな悲鳴を上げてしまう。

自分の前に仁王立ちするソレが奥さんにはもう、見えなかった。

着ているパジャマも、髪型も、そして顔の輪郭も確かに奥さんだったのだが、それでも彼にはソレが奥さんだとは到底思えなかった。

ニタリと笑ったその顔は、彼を恐怖に固まらせるには十分だった。

近づいてきたソレは彼の体を抱きしめてどんどん力を込めてくる。

その力はとても強く、彼には抗う気力すら持てなかった。

体の至る所が押しつぶされるように悲鳴をあげていた。

（このまま、殺される……！）

彼は死を覚悟したそうだ。

ただ、奥さんに殺されるのならそれでも良いとも思っていた。

その時、彼の耳元でソレが囁いた。

「逃げて……このままじゃあなたまで……」

そう言うとソレは一気に部屋から出て行った。

寝室に一人取り残された彼は茫然自失となってしまい、後を追うことはできなかった。

先ほど目の前にいたソレ。

恐ろしい面相はとても奥さんの顔には見えなかったが、一瞬垣間見たソレの瞳にはなぜか薄っすらと涙が滲んでいた。

やっぱりさっきのは妻だったんじゃないのか？

だとしたら、俺が後を追いかけないと……。

心はそう叫ぶのだが、暗いうちは恐怖が抜けきらず、彼はその場から動けなかった。

朝になり、彼は奥さんを探しに家を飛び出した。しかし、どこにもその姿は見つからず、結局彼は警察に捜索願を出した。

それでも奥さんの行方は分からず半年ほどが過ぎた頃、警察から連絡が入った。

奥さんらしき遺体を発見したので確認してほしいという。

聞くところによると、見つかった遺体が彼の奥さんであることを示す証拠は幾つも残されているそうなのだが、警察は彼に遺体を目視することは勧めず、物的証拠の確認だけを勧めてきた。

しかし、どうしても奥さんの遺体をこの目で確かめたかった彼は、発見された遺体を確認させてもらった。

結果、生涯忘れられない衝撃を受けた。

奥さんの遺体は状況証拠からして自殺としか考えられないと聞かされていたが、その顔も、体も、明らかに人間の形を成してはいなかった。

まるで伝説上のバケモノである、鬼のミイラにしか見えなかったという。

胴体と頭が繋がっておらず、両手には自ら引きちぎったとしか思えない首がしっかりと両手で掴まれていた。

彼はそれがトラウマになってしまい、もう誰とも付き合うつもりもないという。だが、自分のせいで奥さんがこんなことになってしまったと悔いる気持ちは強く、毎週のお墓参りを今でも欠かしていない。

それでも最近、以前嗅いだような獣臭が強く感じられる日があるのだそうだ。

もしかしたら、近いうちに自分も奥さんに連れて行かれるのではないか……。

そう感じることも多いと言うが、助けは必要ないと頑なに彼は首を振る。

「あいつは真面目で孤独な女だったから……。俺が最後まで面倒を見てあげないとな」

そう決心しているそうである。

マサル

俺の親戚にマサルという従兄がいた。

年齢は俺より十歳近く上で、従兄というよりも親戚の大人という印象が強かったため、同年代の従兄弟達のように一緒に遊んだり話したりといったことは殆どなかった。

彼と顔を合わせるのは数年に一度、葬式や法事、結婚式といった親戚関係の行事があった時だけ。ただ、俺が社会人になり働き始めると、その関係性は大きく変わっていった。

俺が担当していた地方役場で、彼がそれなりの地位に就いていたからである。

そんなことなど何も知らなかった俺は先輩社員と一緒にその役場へ出かけた際、彼のほうから声をかけられ本当に驚いた記憶がある。

親戚のコネを利用するようなことはしたくなかったのだが、それでも彼は俺が負い目を感じなくて済む程度の気配りと根回しをやってくれていたらしく、その役場での仕事は順調そのものだった。

そんな彼なのだが、四十代の頃に突然役場を辞めなくてはならなくなった。

先に言わせてもらうと、不祥事を働いたわけでも、大病を患ったわけでもない。

ずっと独身を貫いてきた彼であるが、独り身の辛さを感じさせるようなことはなく、仕事の傍ら趣味のパラグライダーやスキーに没頭する姿は、俺から見ても羨ましいかぎりだった。独身生活を謳歌する彼の生き方は、俺の人生観にも少なからず影響を与えてくれている。

そんな彼がある日突然自殺を図った。

幸いにも自殺は未遂に終わり、懸命な救命措置の末に何とか一命を取り留めた。

しかしながら重い後遺症からは逃れられず、その後の人生を車椅子に乗った状態で生きて行かねばならなくなった。

彼が自殺を図ったという報せを受けた時、俺は驚きと共に妙な違和感を覚えた。

あれほど人生を楽しんでいた彼が自殺などするものだろうか、と。

親戚から聞かされた自殺の状況は以下のようなものだった。

パラグライダー仲間と山を散策していた彼は、見晴らしの良い場所までやってくると突然崖の上から飛び降りた。

それまで和やかに会話し、仲間と一緒に絶景を眺めて楽しそうにしていたはずの彼が、突然何かに怯えだしたかと思うとパニックになり、そのまま自ら崖から飛び降りた。

高所からの飛び降りにも拘らず、幸いにも落下した地点に硬い岩などがなかったこと、そして崖の途中に生えていた木に何度もぶつかったことが幸いして、何とか命だけは助かった。

だが、それはあくまで奇跡的に幸運だっただけであり、本来ならば命が助かることなどありえない状況だった。

彼のとった行動は紛れもなく発作的な自殺行為であり、自殺未遂として処理された。

そして、長い闘病生活とリハビリの末に何とか彼は退院し、介助を受けながらではあるが何とか一人で暮らしている。

本来ならば家族との同居が一番なのだが、生憎彼には家族という者が一人もいなかった。

両親は彼がまだ若い頃に相次いで亡くなっており、一人いた兄も数年前に自殺していた。

そのせいか、彼の周りでは自殺の理由を彼の孤独な生い立ちと結び付けて噂する者が多かった。

しかし、俺が知る限り、彼には自殺をする理由も自殺願望も存在していなかった。

ここから書いていくのは俺が車椅子で暮らしている彼の家を訪問し、実際に彼の口から聞いた真実である。

「何か手掛かりになるかもしれないから」という理由で、彼は自分の名前をそのまま使って書いて欲しいという条件を提示してきた。

つまりこれから書いていく内容は、日本中に住んでいる怪談好きの人達の中にもしかして彼と同じような幼少期の体験を持っている者がいるのならば、俺を通して連絡してきて欲しいという彼からのメッセージに他ならない。

実は彼には幼い頃からいつも一緒に遊んでいた友達がいた。

一人は女の子でもう一人は男の子だった。

二人とも彼と同い年でとても良く似た顔つきの二人だったから、双子か兄妹なのだろうと思って聞くのだがいつも首を横に振って答えていた。

彼らが遊ぶ場所はきまって彼の家。

何度か彼らの家に遊びに行きたいと言ったがいつも首を横に振るばかりで、彼らの家に招かれたことなど一度もなかった。

いつも気が付けば彼の家に迎えに来てそのまま彼の家の中や庭で遊び、夕方になるとその場で解散し二人は同じ方向へ帰っていく。

その頃は彼の両親も兄も健在だったから、彼らと遊んでいるのが見つかると、そのたびになぜか両親は真剣な顔でこう言った。

「他の友達と遊びなさい！　アレと遊ぶと良くないことが起こるんだよ！」と。

彼は両親が二人のことを「アレ」と呼んだことに少しだけ違和感を覚えたが、一緒に遊んでいる彼自身、何も危険なものを感じていなかったから、両親の言葉に従うつもりもなかった。まだ幼い彼にとって、毎日一緒に遊んでいた二人はかけがえのない友達であったし、それになぜか、彼ら二人と遊び始めた頃からそれまで一緒に遊んでいた友達はみんな離れていってしまい、顔すら思い出せなくなってしまっていた。

彼が小学校にあがると、彼ら二人も同じクラスになった。

中学でも高校でも。

十二年間ずっと同じクラスと聞くと「何かがおかしい」と感じてしまったが、どうやら彼が育った田舎では子供の数自体が少なく、小学校から中学校まで同じ校舎に通うことも普通のことだった。

確かに高校まで一緒と聞かされると不思議に思うが、やはりその地域には高校自体が一校しか存在せず、よほどの優等生でなければわざわざ遠方の高校に通う者などいなかったようだ。

実際、その二人の他にも十二年間彼と同じクラスだった者は複数人存在した。

だから彼もそのことに関して不思議に思うことなど一度もなかったという。

しかし半身不随になり、車椅子生活を強いられるようになってから、彼はある理由のためにその二人のことを調べようとしたが、その過程で妙な不可思議さを感じて背筋が冷たくなったという。

まず、見舞いに来た当時の友人達は誰もその二人の存在を覚えてはいなかった。

それどころかそんな二人など存在していなかった、と断言されてしまう。

慌てて彼は卒業アルバムを引っ張り出し、二人の姿を食い入るように探したが、確かに友人達の言う通り、彼らの姿はどの卒業アルバムからも見つけ出すことはできなかった。

ただ彼には役場に勤めていた強みがあったから、何とかして昔の部下にその二人のことを調べてもらおうと決心した。

その時、彼は決定的な事実に気付いてしまう。

彼自身はいつもその二人から名前で呼ばれていた。

しかし、彼がその二人と遊んでいる時に二人の名前を呼んだことはなかった。

つまり彼は苗字も名前も知らない二人と遊んでいたということになる。

あの二人は本当に存在していなかったのか?

いや、あの二人といつも一緒に遊んでいたことだけは紛れもない事実だった。

彼は当時の記憶を必死に思い出した。

亡くなった彼の両親も兄も、その二人の存在をしっかりと認知していた。

忌まわしいモノを見るような目でその二人を見ていたことは事実だが、確かに両親はその二人のことを「アレ」と呼び捨てにしていたのだから間違いない。
そこまで話すと、彼は少し間を置き、深呼吸してからこう続けた。
僕は自殺なんかしていないよ。
あの二人に殺されかけたんだ。
突然あの二人が目の前に現れて俺は崖から突き落とされた。
そして、確かにその時こう言われたんだ。
今度はうまく死ねよ。
まあ失敗してもまたすぐ迎えに来てやるから……って。
その言葉の意味は分からない。
でも、もしかしたら僕はもうすぐ死ななきゃいけないのかもしれないな。
あの時は何とか命拾いしたけど、またすぐに迎えに来るんだ。
だってあいつらはそう言ったんだから。
だから、この話をお前に話した。
何かの手掛かりになるかと思ってな。
別に信じてくれなくてもいい。
ただ、この恐怖を自分の記憶の中だけに留めておくのはもう無理だ。

それだけのことだ……と。

その直後、彼はその後に続けようとしていた言葉をぐっと飲み込んだように見えた。

その時の彼はとても疲れているように見えたから俺もそれ以上何も聞かなかった。

また彼が元気になった時に聞けばいい。

そう思っていた。


それから半年ほど経った頃、突然かかってきた電話で彼の訃報を知った。

今度も自殺だったが未遂にはならなかった。

橋の上から川へと飛び込んだ姿を通行人がはっきりと目撃していた。

車椅子は家の中に残されており、どうやってその橋まで行き、一人で立ち上がり、橋の欄干を乗り越えて川の中へ飛び込んだのかは説明がつかなかったが。

川の中にうつ伏せに浮かんでいる姿が発見されたが、すぐに通報されたにもかかわらず、川から引き揚げられた時、彼の心臓は既に停止していたそうだ。

しかし、俺には彼がまた自殺を図ったとは思えなかった。

それはあの日彼から聞かされた話の内容もそうなのだが、実は彼が崖から飛び降り半身不随になる前に曾祖母の法事が行われた際、俺はある不思議な光景を見ていたことを思いだしたからだ。

法事が終わり、全員で精進料理を食べながら歓談していた時、ふと煙草を吸いたくなった俺は一人会場から抜け出して自分の車の中で煙草を吸おうと思った。

階段を一階まで下りて玄関から外に出て車に向かって歩いている途中、お寺の敷地の外から二人の子供がじっと法事が行われているお寺のほうを窺っているのが見えた。

どうしてこんな所に？

そう思うと同時に俺は背筋に冷たいものを感じた。

まだ小学生くらいの小さな顔の男の子と女の子はそっくりな顔つきであり、その顔はすぐに狐を連想させるものだった。

もしも、狐が人に化けたとすればこんな顔なんだろうな……。

そんな思いがすぐに浮かんだ。

そして、二人の子供の目はギラギラとした気味の悪いもので、何かを睨みつけるような恐ろしい顔つきでじっと一点を見つめていた。

その時見た二人の子供が彼の言っていた二人と同じなのかは俺には分からない。

ただ俺がその時見た二人の子供は明らかに人間ではなかったと思っている。

二人はあの時、外に出てきた俺には見向きもせず、じっとお寺のほうを睨みつけていた。

あれはもしかしたら、彼を逃がさないように見張っていたのではないか……そんなふうに思えるのだ。

だとしたら、彼は狐と遊んでいたのか？

それが分かっていたから彼の両親も兄もその二人の子供を忌み嫌っていたのか？

そう考えた時、俺の脳裏には嫌な考えが浮かんだ。

相手が狐だったとしたらどこにも逃げようがない。

やはり彼は自殺ではなかったのではないか？

いや、もしかしたら彼だけでなく彼の家族全員が死んだのも？

俺は、彼が死んでからしばらくして親戚に彼の家族のことを聞いて回った。

するとやはり彼の両親と兄の死因も自殺だった。

それが分かった時、俺は思わずハッとしてその場に固まった。

彼から話を聞いた時、彼が最後に言いたかった言葉を飲み込んだのは間違いなく彼の優しさだった。

もしも、あの時最後まで聞いてしまっていたら……。

そう考えると恐怖で冷汗が止まらなくなった。

疑いは確信へと変わった。

彼だけでない。
家族全員がずっと以前から「アレ」に魅入られ、そして連れて行かれたのだ。

書けなかった話

　これから書く話はずっと心の中に留めておくつもりだった。

　忘れようとしても忘れられず、かといって誰かに話したりブログにアップすることは禁忌の話だった。

　そもそも友人のプライベートな部分の話であり、場合によっては書いてしまうことでより一層恐ろしい怪異が友人の身に降りかかることが怖かったのだ。

　とても恐ろしく、理不尽極まりない出来事は怪談作家としては是が非でも書き上げてみたい題材ではあったが、恐怖がそれをまさった。

　だから、いつしか俺の中では、この話は誰にも話さず、書き残すこともせず、このまま墓の中まで持っていくのだと心に決めていた。

　しかし、時の流れが状況を変えてしまった。

「書いてはいけない話」は、いつしか「絶対に書き残さなければいけない話」に変わってしまった。

　その理由はこれから書いていくことになるが、俺にはこの話の本当の恐ろしさをしっかりと文章に刻むことができるのだろうか？

いや、そうではない。

全身全霊をかけて、何がなんでも恐ろしい事実を刻みこまなければいけないのだ。


俺の高校時代の友人に富田という男がいた。

高校在学時は美術部に属し、大学はそのまま名門美術大学へと進んだ。

そもそも普通科しかない進学校から有名美大に進学することだけでも奇跡に近いものがあったが、確かに彼は在学中から図書館で勉強しているというよりも美術部の部室に入り浸っているという印象が強かった。

美大を卒業した彼は、どこかの会社に就職することもなく、家業の酒屋を手伝いながら近くにアトリエを借りて油絵の教室を開いた。

彼は仕事として好きでもないデザインをするよりも、アトリエで好きな絵を描きながらいつか大きな展覧会で認められて、画家として成功したいと考えていたようだ。

それも全て彼自身が好きな絵をずっと描いて暮らしていくためだった。

彼の絵はそれなりの評価を得ていたのは知っていたが、その頃にはまだアトリエでの絵画教室の月謝と実家の手伝いで得られる薄給だけが生活の糧になっており、お世辞にも楽な暮らしには見えなかった。

彼が描く油絵は俺から見れば本当に素晴らしいものだった。

過去に描いた幾つかの風景画はその場所がどこなのかを知っていることもあって、俺にとっては郷愁を誘うような独特のタッチで本当にお気に入りだった。

本当はその絵を売って欲しかったが、なぜか照れくさくて彼には言えなかった。

そして、それは友人達も同じように思っている共通の思いだった。

彼の描く風景画は俺達にとっては他のどんな画家よりも素晴らしく感じられていたし、きっと彼は風景画家として認められるのだろうと思い込んでいた。

しかし、美大を出て十年以上経っても彼の絵はいっこうに認められることはなかった。

なぜなら彼が描く絵はいつも同じ女性をモデルにした絵だったから。

しかも、彼が描くその女性は実在する女性ではなく、あくまで彼が理想とする空想上の女性だった。

何度もその女性の絵を見せてもらったが、その女性は美人でもスタイルが良でもいわけなく、はっきり言ってどこにでもいるような中年女性だった。

特にポーズをとるでもなく、その女性はただ直立して此方を向き、ぼんやりとした表情を浮かべているだけ。

彼が描いたその女性の人物画を見せられるたびに、俺にはなぜ彼がそれほどまでにその女性に拘るのか、全く理解できなかった。

「お前の描く風景画は最高なのになぁ」

俺がそう言っても、彼は首を横に振るばかり。

どうやら彼は、子供の頃から同じ夢を見続けていたらしい。

その夢の中に出てくるのが例の女性であり、女は何度も夢に出てきては彼の前に立つのだという。

そんな夢を彼は成人した現在でも見ていた。

最初は何も感じなかったが、そのうちに画家を志し、それなりに画力が備わってきた時、いつしか彼はその女性を描き残すことが自分の使命だと感じるようになった。

ただ、どうしてそう思ったのかを聞いても、彼自身よく分からないという返事が返ってくるだけで、理由は不明だ。

とにかく彼はその女性の絵を描き続けるために就職もせず、趣味も持たず、結婚はおろか誰とも付き合うこともしないで生きてきた。

それもこれも全てその女性と夢の中で会っているからだと言い切った。

おかしな話ではあるが、彼自身がそんな人生に幸せを感じていると言うのなら、誰にもそれを邪魔する権利はない。

だから俺も他の友人達も、彼はこのまま一生独身で過ごすものだと思っていた。


しかし、ある時彼から俺達に突然の報告が届いた。

「結婚しました」という挨拶状だった。

正直驚いたが、それ以上に俺達には嬉しすぎる報告だった。

俺は、彼と特に仲の良かったもう一人の友人と一緒に、早速彼のアトリエを訪ねた。

どういう心境の変化なのかと聞いてみたかったし、何よりもそんな彼に結婚を決意させた女性をこの目で見てみたかった。

久しぶりに会った彼は以前よりもさらに痩せているように見えた。

体調は大丈夫なのかと問いかけると、彼は満面の笑みで「ああ、絶好調だよ」と返してきた。

確かに彼の激やせぶりは俺達を驚かせたが、それ以上に彼が結婚した女性を見た瞬間、俺達は何も言えずにその場で固まってしまった。

美人とかそうではないとかいうレベルの話ではなかった。

その女性はあまりにも瓜二つだったのだ。

彼がそれまで描いてきた油絵の中の女性に……。

俺達はしばしその女性を前にして固まっていたが、ハッと我に返り、

「お邪魔しています！」

「ご結婚おめでとうございます！」

と、お辞儀して挨拶した。

しかし彼の妻となったその女性は無表情のまま俺達を一瞥すると、そのまま何も言わずにどこかへと去っていった。

彼女が俺達を見る目つきは、まるで何か異質なモノでも見るような嫌悪感に溢れた表情だった。

彼には冗談交じりに、「奥さんって変わり者なのか？」と言葉を濁したが、正直俺達はとても気分が悪かった。その女性の対応が非常識に感じると同時に、何かそれだけで言い表せないとても嫌な気分にさせられたのだ。

だが――。

「まあ、そう言うなよ……きっと照れてるだけだからさ」

そう言って幸せそうに笑う彼を見ていると、それ以上は何も言えなかった。

それからも俺達は代わる代わる彼の元を訪ねて様子を窺うようになった。

内心では、友人全員が彼のことを心配していたのだ。

俺達が彼の元を訪ねると、彼はいつもアトリエで絵を描いていた。

結婚してからは夢の中に女性が現れなくなってしまったとがっかりしながら話す彼は、その頃にはアトリエで開いていた絵画教室も辞めてしまい、油絵を描くことだけに没頭していた。

昼夜、そして平日や日曜に行っても必ず彼はアトリエに籠って油絵を描いていた。

勿論、以前から描き続けているその女性の絵をである。

だが、俺達がアトリエを訪れるたびに、キャンバスの中に描かれる女性はどんどん醜くなっていき、そのうち人間には見えなくなった。

まるでホラー映画に出てくるバケモノでも描いているのかと疑いたくなるほどに、それは醜悪だった。

それでも彼は、描いているのは自分の妻だと言い張り、「まるで妻がキャンバスの中にいるみたいだろ？」と、自慢気に話した。

俺達にはもう、彼にかける言葉が見つからなくなっていた。

その時の彼は目だけがやけに力強くギラギラしていたが、その体は骨と皮だけになり、彼の表情からも以前の元気な彼は想像すらできなかった。

それからしばらくして彼が緊急入院したという一報が入った。

生活のためにやむなく再開した絵画教室で、生徒さん達の目の前で突然ペインティングナイフを自分の顔に何度も突き立てたのだという。

怪我で搬送された彼だったが、その入院はとても長いものになった。

次第に両腕が麻痺していき、やがて一人では何もできなくなった。

そして、なぜか両目の視力もどんどん悪くなっていき、やがて失明に至ると聞かされた。

ただ、俺達が見舞いに行った時もそうだったが、彼の奥さんは一度も病院へ見舞いに来ていないという事実を知った。

彼にとってはまさに失意のどん底にいるはずだったが、それでも彼はいつもあの絵のことばかりを気にかけていた。

あの絵が心配なんだ……見てきてくれないか？

そう頼まれる毎に、俺達は彼のアトリエを訪れてあの絵を確認した。

その絵はその時既に悲惨な状態になっていた。

破れていたとか盗まれていたという意味ではなく、キャンバスの中に描かれているモノが何なのかすらもう判別できない状態に大きく崩れていた。

信じられないことだがその絵を確認しにアトリエを訪れるたびに、その絵の中に描かれているモノはどんどん醜く崩れ、変化していった。

その絵を描いていた彼はずっと入院したままで、外出などできるはずもない。

それではいったい誰が？

もしかして奥さんが描き足しているのか？

そんなふうにも考えたが、最初に見た日以来奥さんの姿を誰も見ておらず、その可能性も低かった。

「絵が……描き足されている」

それを彼に伝えると、彼は一言だけ返してきた。

「うん、分かってるよ」と。

そして、彼が完全に失明し寝たきりになった際、彼からこんな言葉を聞いた。

「あの絵がようやく完成したからすぐに燃やして欲しい！」

「あの絵はこの世に残しておいてはいけないモノだから！」

正直、俺達には彼の言っている言葉の意味が理解できなかった。

しかし、その時は彼が望むことならば何でもやってやりたかった。

彼に残された日はそう長くないと感じていたから。

俺達は彼のアトリエへ行き、早速あの絵を燃やそうとした。

ところが、そこでトラブルが起きた。

一度目は交通事故。

二度目は急な体調不良。

三度目は彼の容体悪化。

何度その絵を燃やすためにアトリエへ行こうとしても、そのたびにそれを阻む状況が発生し、俺達はアトリエに辿り着くことすらできなかった。

そのうち、あの絵を燃やそうとしていた友人に怪我や病気が連鎖していった。

こうなると、さすがに尋常ではない。

俺は霊能者のAさんにその絵の処分を依頼することにした。

俺達の力ではどうにもならないと悟らざるを得なかった。

Aさんならば、たとえその絵を燃やせなかったとしても、何か別の方法を考えてくれるはずだ。

二週間後、Aさんから処分が完了したとの報告があった。

「あの絵は曰くつきの物として浄化したり安置したりはできませんでした。

だから彼が言うように燃やしてこの世から消す以外に方法はありませんでした。

もしかしたらその彼は何かの目的のためにこの絵を描いていたんじゃないんですかね？
あの絵の中に描かれ封じ込められていたのは紛れもなく悪霊の類でした。
しかも、その絵を見るだけで祟るような強い悪霊。
そんな悪霊を見抜き絵の中に封印するというのはかなりのことです。
辛かったし、大変だったと思います……。
燃やすのもかなり手間取りましたけど何とかなりました。
でも、燃えていく時の断末魔の叫び声は私でも思わず引いてしまいました。
しばらく耳から離れないでしょうね……」

それからしばらくして彼は息を引き取った。
この話を書いて、公開して欲しいと言い残して。
この世には常識では計れない恐怖が実在する。
そして夢と現実は表裏一体で繋がっている。
もしも誰かの夢の中にその女が現れた時には、その女を夢の中で確実に殺すしかない。
殺せなかったら間違いなく僕みたいになってしまうのだから。
そう伝えて欲しいそうだ。

著者あとがき

俺が勤務している会社のブログに書き始めた怖い体験談がネットで取り上げられ、それが本という形で出版された時にはまさに夢の中にでもいるような気分だった。

会社員をしてはいたが、作家になりたいという夢は未だ捨てきれてはいなかったのだから。そして第二巻を出せると決まった時、俺の夢は何とか闇塗怪談シリーズを十巻まで書き続けたいという目標に切り替わった。

そして今巻がその十巻目になる。

結果が出せなければ次はない、という現実はどんな世界でも共通である。

才能もない俺が結果を出し続けられたのは、常に飛び切りの怪異を寄せてくれる情報提供者様や霊能者の友人達、またいつも多大なご尽力を頂いている竹書房のご担当者様、そして何より闇塗怪談シリーズをお読みいただいている読者の皆様のお陰に他ならない。

その点は本当に感謝してもしきれない気持ちで一杯である。

そして目標である第十巻に到達した闇塗怪談シリーズは今巻で終わりにしたいと思う。

これは二巻目を出した時から俺自身が心の中で秘かに決めていたこと。

だから、第十巻には色んな意味で全て余すところなく出し切って俺なりの代表作にしたいという思いもあった。

そのためにずっと身の回りで起きた怪異を小出しにせず、これまで温存してきた。

だからこの十巻は俺自身が見聞きし体験した話が大半を占めており、俺にとってすこぶる付きの曰くばかりが収められている。

中には危険な話も存在するが、それはあくまで俺にとって危険という意味であり、読者の皆さんに実害が及ぶことは絶対にないのでその点は安心してお読みいただきたい。

第十巻がこれまでの巻よりもページ数が多く、より沢山の話を収めたのもそういう意図なのだとご理解いただきたい。

文字通り俺の全てが凝縮された本であるのは間違いないのだが、やはり本というのは売れなければそれでお終いになってしまう。

幸か不幸か俺の元には相変わらず身の毛のよだつ話が集まり続けている。

そして、それらを本として読者の元に届けたいという思いも強いのだ。

だからこの巻が読者の皆さんに読み終えても終わらないほどの恐怖を与え、それが人伝に広がり沢山の方に読まれることを願ってやまない。

そうなれば、もしかしたら新しいシリーズで再びお会いできるかもしれないのだから。

そうなってくれることを祈りつつ、最後のお礼を申し上げたい。
闇塗怪談を愛してくれた読者の皆様、今まで本当にありがとうございました。
またお会いできる日が来ることを祈りつつ……さようなら。

令和四年師走

営業のK

闇塗怪談 終ワラナイ恐怖

2023年1月3日　初版第一刷発行

著者……………………………………………………………………………………営業のK
カバーデザイン……………………………………………………　橋元浩明（sowhat.Inc）

発行人…………………………………………………………………………………後藤明信
発行所…………………………………………………………………株式会社　竹書房
〒102-0075　東京都千代田区三番町8-1　三番町東急ビル6F
email: info@takeshobo.co.jp
http://www.takeshobo.co.jp
印刷・製本……………………………………………………………中央精版印刷株式会社
